# LEGO® IDEEN
# Super Natur

Text von Rona Skene

Der DK Verlag dankt Randi Sørensen, Heidi K. Jensen, Paul Hansford, Martin Leighton Lindhardt, Charlotte Neidhardt, Henk van der Does und Nina Koopmann von der LEGO Gruppe sowie Beth Davies für den zusätzlichen Text und Nicole Reynolds, Julia March und Lisa Stock für die redaktionelle Unterstützung.

**Lektorat** Laura Palosuo, Nicole Reynolds, Paula Regan, Mark Searle
**Gestaltung und Bildredaktion** Anna Formanek, James McKeag, Jo Connor
**Herstellung** Siu Yin Chan, Lloyd Robertson
**Design und Gestaltung der inspirierenden Modelle** Jason Briscoe, Nate Dias und Jessica Farrell
**Beraterin** Cathriona Hickey
**Fotografien** Gary Ombler

Für die deutsche Ausgabe:
**Programmleitung** Monika Schlitzer
**Projektbetreuung** Christian Noß
**Herstellungsleitung** Dorothee Whittaker
**Herstellungskoordination** Katharina Schäfer
**Herstellung** Stefanie Staat

Titel der englischen Originalausgabe:
LEGO® Super Nature



Manufactured by Dorling Kindersley, One Embassy Gardens, 8 Viaduct Gardens, London SW11 7BW, under licence from the LEGO Group.

The authorised representative in the EEA is Dorling Kindersley Verlag GmbH. Arnulfstr. 124, 80636 Munich, Germany.



1. Auflage, 2022



**Übersetzung** Simone Heller

ISBN 978-3-8310-4323-1

**Druck und Bindung** Leo Paper Products, China

**www.LEGO.com**

**www.dk-verlag.de**

# Inhalt

**Ab Seite 68 findest du die Bauanleitungen für diese vier Modelle!**

# Baum des Lebens

**Fast zwei Millionen Tierarten gehören zur selben Familie – dem Tierreich. Tiere gibt es in vielen Formen und Größen, denn in Millionen Jahren haben sie sich angepasst, oder verändert, um in verschiedenen Umgebungen zu überleben.**



## Reptilien

Reptilien haben eine Schuppenhaut. Ihre Körper brauchen die Sonne, um warm zu bleiben.

## Vögel

Es gibt etwa 10 000 Vogelarten, alle mit Federn. Sie haben auch Flügel, doch nicht alle Vögel können fliegen.

## Fische

Fische haben Merkmale für ein Unterwasserleben, meist wasserdichte Schuppen und Flossen zum Schwimmen.

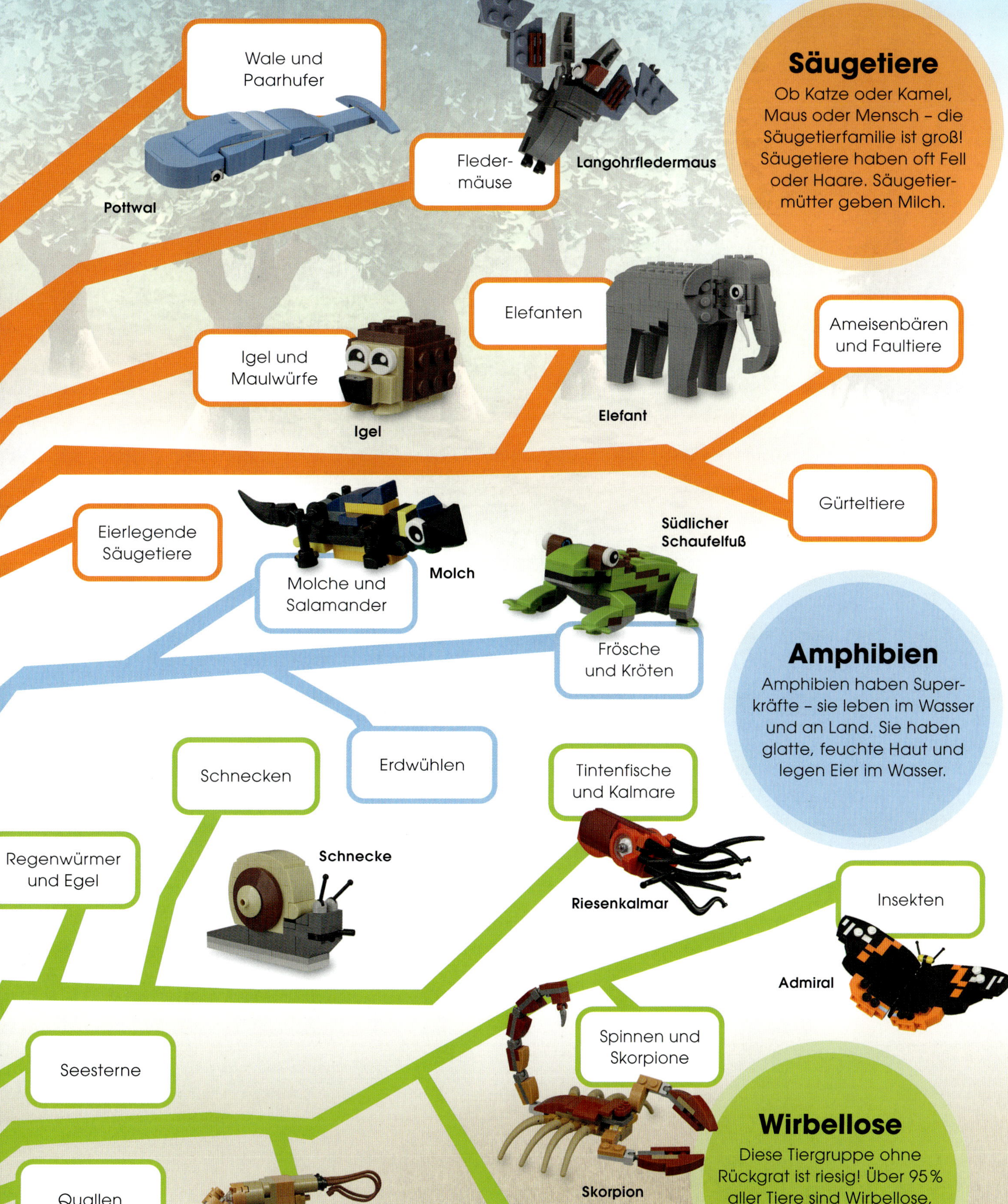


## Säugetiere

Ob Katze oder Kamel, Maus oder Mensch – die Säugetierfamilie ist groß! Säugetiere haben oft Fell oder Haare. Säugetiermütter geben Milch.

## Amphibien

Amphibien haben Superkräfte – sie leben im Wasser und an Land. Sie haben glatte, feuchte Haut und legen Eier im Wasser.

## Wirbellose

Diese Tiergruppe ohne Rückgrat ist riesig! Über 95% aller Tiere sind Wirbellose, und es gibt eine Million unterschiedliche Arten.

Eisbär
Narwal
Orca

# Wasser und Eis

Über zwei Drittel der Erdoberfläche sind von Wasser oder Eis bedeckt. Auf dem blauen Planeten leben im Wasser verschiedenste Tiere und Pflanzen.

# Wasser- und Eis-Lebensräume

**Wasserlebensräume sind warm oder kalt, sprudelnd oder unbewegt, sonnig und flach oder tief und dunkel. In ihnen leben fantastische Pflanzen und Tiere.**

### ◀ Flüsse

Flüsse ziehen unterschiedliche Tiere und Pflanzen an, je nachdem, wie tief sie sind oder wie schnell sie fließen. Sie sind auch prima Schnellstraßen, um zwischen Lebensräumen zu wechseln.

### ▼ Teiche

Teiche gibt es auf dem Land, in Parks oder in deinem Garten! Sie sind perfekt für Pflanzen und Tiere, die das hektische Leben in Fließgewässern nicht mögen.

### Feuchtgebiete ▲

Tritt ein mächtiger Strom über die Ufer und überschwemmt das Land, entsteht ein Sumpf – ein einzigartiger Lebensraum, in dem sich Wasser und Land mischen.

### ▲ Korallenriffe

Ein Korallenriff ist ein kunterbunter Unterwassergarten. Warmes Wasser, jede Menge Futter und Schutz vor den Wellen machen daraus einen tollen Lebensraum.

### ▼ Strand und Gezeitentümpel

Das Meer ist groß und voller Gefahren, darum tummeln sich einige Meereswesen lieber am Strand oder in einem sonnenbeschienenen Gezeitentümpel.

### ▲ Meerestiefen

Manche Meereswesen paddeln an der sonnendurchfluteten Oberfläche, während andere Tausende Meter tief in den dunkelsten Abgründen hausen.

### ▲ Eisige Tundra

An einem so kalten, windigen Ort muss man die Kälte abwehren, um zu überleben. Für die Lebewesen der Tundra sind superdichtes Fell oder Federn sehr wichtig.

### ▼ Polargebiete

Im äußersten Norden und Süden der Erde ist es entweder kalt – oder sehr, sehr kalt! Nur die am besten angepassten Tiere und Pflanzen überleben in diesen Eiswelten.

# Fließgewässer

**Flüsse bieten viel Süßwasser, das alle Lebewesen zum Überleben brauchen. In Nordamerika sind Flüsse von klaren, raschen Bergbächen bis hin zu breiten, schlammigen, trägen Strömen die Heimat vieler verschiedener Tiere und Pflanzen.**

### ▼ Libelle

Libellen sausen über Flüsse und Seen, bewegen sich in alle Richtungen und schweben sogar wie Hubschrauber. Sie fliegen niemals weit vom Wasser weg, denn dort legen die Weibchen ihre Eier.

**Fliegt vorwärts und rückwärts**

**Sieht in viele Richtungen**

**Dichter, brauner Pelz mit hellen Spitzen**

**Grizzlys haben einen guten Geruchssinn.**

*HIER SCHWIMMT MEIN ABENDESSEN.*

**Lange, starke Krallen, die gut zum Klettern sind**

### ▲ Grizzlybär

Im Sommer steht der Grizzly stundenlang an Stromschnellen und wartet auf seine Lieblingsspeise. Dann schnappt er mit seinem mächtigen Kiefer zu und fängt einen Lachs, der flussaufwärts springt.

**Bau los!**

**Bärenkopf**

Der Kopf des Grizzlys besteht aus mehreren Lagen. Er steckt auf zwei Steckerplatten im Hals.

Gesicht auf einer 2×3-Platte

1×1-Stein

1×2-Kachel

1×2-Steckerplatte

Die mittlere Lage verbindet Gesicht und Oberkopf.

## ◄ Weide

Weiden sind wichtige Uferbäume. Ihre großen, starken Wurzeln befestigen die Ufer, sodass der Boden nicht weggeschwemmt wird. Sie nehmen viel Wasser auf und verhindern so Überschwemmungen.

**Die Äste hängen oft ins Wasser.**

**Bau los!**

**Schwanz dran**

**Der Biberschwanz ist aus einer 1×2-Platte mit Stange und einer schrägen 2×2-Platte mit Buckel am Ende.**

**1×2-Platte mit Stange**

**Schräge 2×2-Platte mit Buckel**

**1×2-Steckerplatte**

*ICH FÄLLE EINEN KLEINEN BAUM IN FÜNF MINUTEN!*

**Gelbe Zähne mit Eisen**

## Nordamerikanischer Biber ►

Biber sind immer am Bauen! Mit starken Zähnen nagen sie Bäume um, aus denen sie im Fluss einen Damm bauen. Es entsteht ein Teich, in dem die Biber sich ein gemütliches Haus bauen, die Biberburg.

**Starker, flacher Schwanz zum schnellen Schwimmen**

**Wasserdichter Pelz**

**Silberne Flosse**

*HOFFENTLICH SIEHT MICH DER GRIZZLY NICHT!*

**Farbwechsel von Silber zu Rot auf dem Heimweg**

## Lachs ▲

Lachse verbringen den Großteil ihres Lebens unterwegs. Nach dem Schlüpfen ziehen sie ins Meer. Sind sie ausgewachsen, kommt die lange, anstrengende Reise zurück in ihren Heimatfluss zur Fortpflanzung.

## Lebensraum-Fakten

**Flüsse** bestehen aus **Süßwasser** – sie sind nicht salzig wie das Meer. Als **kleiner Bach** aus Regen- oder Schmelzwasser fließen sie von Hügeln und Bergen herab und **werden breiter** oder münden in andere Flüsse, bis sie zum Meer kommen.

# Stille Teiche

**Selbst der kleinste Teich ist voller Leben. Die meisten Teiche sind nicht tief, darum kommt die Sonne bis zum Boden. So wachsen Pflanzen, die Nahrung, Sauerstoff und Zuflucht für Tiere bieten.**

## Rohrkolben ►

Rohrkolben wachsen in dichten Bündeln am Wasserrand. Sie sind wichtig für den Teich-Lebensraum, da viele Tierarten sie als Nahrung oder Versteck nutzen.

## ▼ Molch

Molche schlüpfen im Wasser aus Eiern, verbringen aber den Großteil ihres Lebens an Land. Im Frühling legen sie zurück im Teich ihre Eier.

**Schmales Maul wie bei einer Echse**

**Der bunte Bauch warnt Raubtiere.**

*ICH GEHE AN LAND HERUM, ABER AUCH AM TEICHGRUND!*

**Bau los!**

### Molch-Augen

**Eine Platte mit Stange an einer Platte mit Klemme wird zum beweglichen Hals. Der Kopf ist ein Stein mit vier Seitennoppen.**

## Lebensraum-Fakten

Einige **Teichinsekten** passen sich an, um übers Wasser zu laufen! Die Härchen an den Füßen des **Wasserläufers** fangen Blasen ein, sodass er auf einem **Luftkissen** über die Oberfläche **läuft**!

## Schermaus ▼

Dieses scheue Nagetier gräbt einen Bau ins Ufer von Teichen oder Flüssen. Mit starken Schneidezähnen knabbert sie Rinde und Schilf.

## ▲ Gans

Im Winter machen Gänsescharen aus der Arktis Teiche zu ihrem Feriendomizil. Dort ist es wärmer, und es gibt Gras und Laichkraut für alle!

## Seerose

Durch lange Stiele treiben die Blätter und Blüten dieser Pflanze auf der Oberfläche und tanken Sonnenenergie.

# Feucht-gebiete

**Südamerika ist voller feuchter, schlammiger Sümpfe. Das Pantanal ist das größte Feuchtgebiet der Welt, das Teile von Brasilien, Paraguay und Bolivien bedeckt. Mit seiner üppigen Pflanzenwelt ist es die Heimat von über 10000 verschiedenen Tierarten.**

## Lebensraum-Fakten

Was benötigt ein Feuchtgebiet-Lebensraum? Wasser natürlich, und zwar jede Menge! In der **Regenzeit** fällt im Pantanal so viel Regen, dass über 80% des Landes **unter Wasser** liegen. In der kurzen Trockenzeit kann der Boden niemals richtig austrocknen, bevor es wieder zu **regnen** anfängt.

Ist der Jabiru auf der Hut, werden die rosa Bänder rot.

Bis zu 1,5 m hoch

### ▲ Jabiru

Dieser Storch ist der größte Flugvogel Südamerikas. Er stakst durch flache Gewässer und taucht mit dem langen Schnabel nach Fischen und Fröschen.

WARUM HAST DU SO GROSSE ZÄHNE?

Die großen Augen sehen im trüben Wasser.

### ▲ Roter Piranha

Dieser schnelle Fisch hat starke Kiefermuskeln und scharfe Zähne. Ein Schwarm Piranhas kann in wenigen Minuten eine ganze Kuh verputzen! Gut, dass Kühe selten baden.

### Wasserhyazinthe ▼

Diese schnell wachsenden Pflanzen treiben, wohin das Wasser sie trägt, ihre Wurzeln schleppen sie mit. Menschen flechten Körbe aus ihren Stielen.

Blüten erzeugen Nahrung für Bienen und Kolibris.

## ▼ Riesenseerose

Die riesigen Blätter dieser Pflanze sind so fest, dass man darauf sitzen könnte! Diese schwimmenden Untertassen bieten Platz für Frösche und Insekten.

## Brillenkaiman ▲

Dieses Mitglied der Alligatoren-Familie tarnt sich gern als treibende Pflanzeninsel. Er sucht nach Flussschnecken und knackt ihr Haus mit scharfen, kegelförmigen Zähnen.

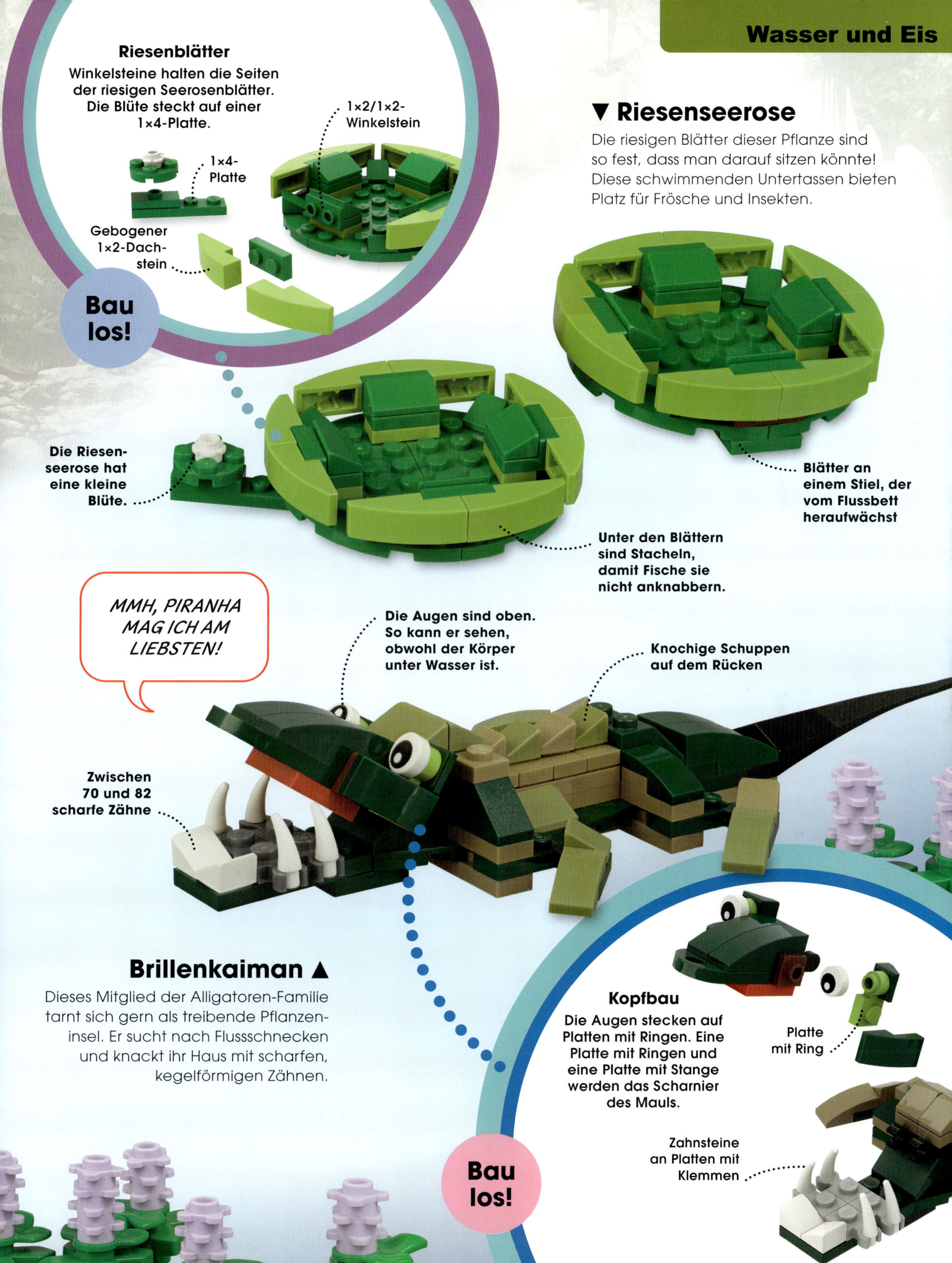

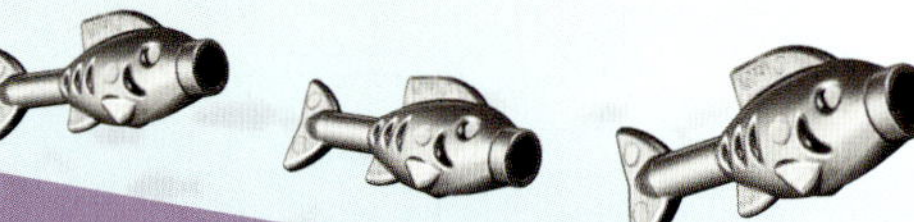

# Meerestiefen

Ein Meer wirkt wie ein einziger riesiger Lebensraum, besteht aber aus verschiedenen Zonen – von sonnendurchfluteten, warmen Oberflächengewässern bis hin zu tiefen, dunklen Gräben. Obwohl manche Bewohner in verschiedenen Tiefen leben, sind die meisten an eine Zone angepasst.

## Roter Thun ▼

Die großen, starken Thunfische sind Spitzenraubtiere an der Oberfläche. Sie sind mit die schnellsten Fische der Welt, die bis zu 70 km/h schaffen!

**Starker Schwanz**

**Stromlinienförmiger Körper**

**Glubschaugen zur Beutesuche**

## ◀ Beilfisch

In der Dämmerzone verbirgt sich dieser Fisch schlau vor Gefahr. Lichtorgane an seinem Bauch und Schwanz leuchten nach unten, sodass er vor dem trüben Sonnenlicht schwer zu sehen ist.

*DIE LICHTER HELFEN AUCH, WENN ICH SNACKS SUCHE!*

*ICH SAUGE WASSER EIN UND STOSSE ES AUS, UM VORANZUKOMMEN.*

**Lange Arme und Tentakel, um Beute zu schnappen**

**Riesige Augen**

## ▲ Riesenkalmar

Dieses geheimnisvolle Wesen hat die größten Augen überhaupt für tiefe, dunkle Gewässer. Es trägt wilde Auseinandersetzungen mit Pottwalen aus!

## ◀ Orca

Man nennt sie auch Schwertwale, aber eigentlich sind es große Delfine. Diese schlauen Tiere fangen zusammen Seehunde oder Fische.

Starke Flossen für den Vortrieb

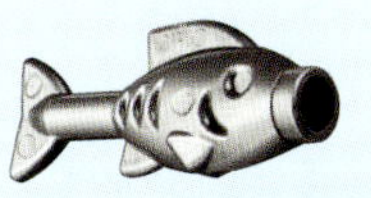

WO IST DENN DIESER KALMAR BLOSS SO SCHNELL HIN?

## Lebensraum-Fakten

**Das Meer** teilt sich in drei Hauptzonen: **Lichtdurchflutete Zone** Warme, lichterfüllte Gewässer voller Tiere und Pflanzen. **Dämmerzone** Diese Region wird immer kälter und dunkler. Keine Pflanzen oder Seegräser wachsen dort, darum müssen Tiere zum Überleben andere Tiere fangen. **Tiefenbereich** Ganz unten ist es eiskalt und völlig finster. Nur wenige Tiere leben unter diesen rauen Bedingungen!

## ▼ Pottwal

Dieser riesige Wal ist das größte Raubtier der Welt. Er taucht tief hinab auf der Suche nach Riesenkalmaren, die er mit Klangwellen im pechschwarzen Wasser aufspürt.

Kleine Augen für die Körpergröße

## Fangzahnfisch ▼

Der kleine Fisch mit dem großen Maul hat die längsten Zähne des ganzen Tierreichs im Verhältnis zu seiner Größe.

MAGST DU MIT MIR FANGEN SPIELEN?

Knochenzacken am Kopf

So lange Zähne, dass das Maul nicht zugeht

## Bau los!

Blasloch aus einer Steckerplatte

Gebogene Dachsteine als runde Seiten

**Wal-Modell**

Steine mit Seitennoppen dienen als Mittelblock, um den das glatte Äußere des Wals entsteht.

# Strand und Gezeitentümpel

**Stell dir vor, dein Haus würde sich den ganzen Tag verändern, von ganz trocken zu klitschnass. So ist das Leben für die Wesen am Meeresufer, wenn die Flut kommt und geht. Uferbewohner passen sich genial an ihre Umwelt an.**

## ▼ Seegras

Es gibt Tausende Seegras-Arten. Manche wachsen wie Wälder aus dem Meeresboden, andere sind winzig und treiben im Wasser. Seegras ist ein wichtiges Nahrungsmittel für alle möglichen Meerestiere.

**Die Blätter können grün, rot oder braun sein.**

**Manche Seegräser haften mit Saugnäpfen an Steinen.**

## ▼ Einsiedlerkrebs

Dieser Krebs kann keine harte Schale bilden, darum borgt er sich eine von Meeresschnecken und anderen Uferbewohnern. Wächst er, muss er sich ein neues, größeres Haus suchen.

**Bau los!**

**Rumkrebsen**

**Die Beine und Scheren stecken auf einem achteckigen Ring-Element in der Mitte des Körpers. Darauf kommen Kopf und Schale.**

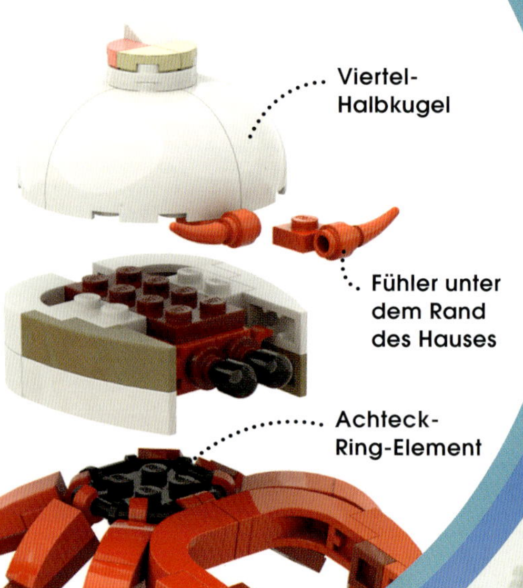

Viertel-Halbkugel

Fühler unter dem Rand des Hauses

Achteck-Ring-Element

*SCHEREN SIND GUT ZUM VERTEIDIGEN DES HAUSES!*

**Mit ihren Fühlern, die Antennen heißen, suchen sie Nahrung und andere Krebse.**

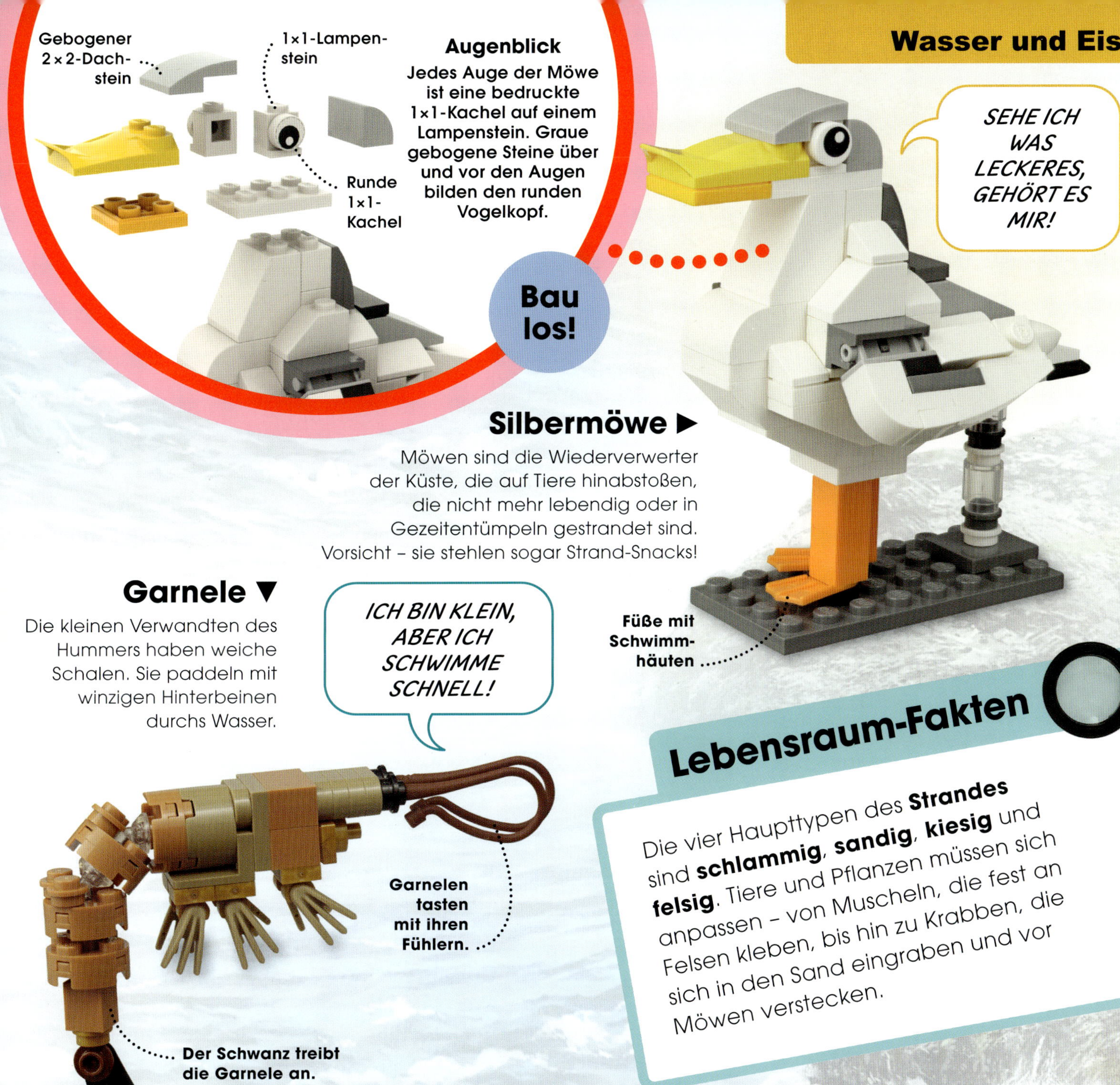


**Augenblick**

Jedes Auge der Möwe ist eine bedruckte 1 × 1-Kachel auf einem Lampenstein. Graue gebogene Steine über und vor den Augen bilden den runden Vogelkopf.

## Silbermöwe ►

Möwen sind die Wiederverwerter der Küste, die auf Tiere hinabstoßen, die nicht mehr lebendig oder in Gezeitentümpeln gestrandet sind. Vorsicht – sie stehlen sogar Strand-Snacks!

## Garnele ▼

Die kleinen Verwandten des Hummers haben weiche Schalen. Sie paddeln mit winzigen Hinterbeinen durchs Wasser.

## Lebensraum-Fakten

Die vier Haupttypen des **Strandes** sind **schlammig**, **sandig**, **kiesig** und **felsig**. Tiere und Pflanzen müssen sich anpassen – von Muscheln, die fest an Felsen kleben, bis hin zu Krabben, die sich in den Sand eingraben und vor Möwen verstecken.

Breites Maul mitten im Körper

## Seeanemone ►

Obwohl sie wie eine Pflanze wirkt, ist die Anemone ein Tier, das zu den Quallen gehört. Ihre langen Gifttentakel greifen nach vorüberschwimmender Beute, die sie zum Maul schieben.

Der Fuß klebt auf dem Felsen.

# Korallenriffe

**Ein Korallenriff beheimatet nicht nur viele Lebewesen, es besteht sogar aus ihnen! Korallen wirken wie Steine, sind aber kleine Tiere mit harten Schalen. Sie verbinden sich unter dem Wasser zu bunten Felsbänken wie etwa dem Great-Barrier-Riff in Australien.**

## Lebensraum-Fakten

In den **seichten Gewässern** eines Riffs bieten winzige Wesen namens **Plankton** Nahrung. Manche Fische wie der **Mantarochen** haben eine geniale Methode entwickelt, das winzige Plankton zu fressen. Das breite Maul des Rochens funktioniert wie ein **Sieb**, saugt Wasser ein und filtert das Plankton heraus.

**Der Stachel vertreibt Raubtiere.**

### Gefleckter Adlerrochen ▲

Dieser Fisch schlägt seine breiten Flossen, um wie ein Unterwasservogel zu „fliegen“. Sein gefleckter Körper ist auf dem felsigen Meeresboden perfekt getarnt.

### Riesenmuschel ▼

Tagsüber öffnet sich die riesige Muschel, damit die Sonne die Algen in ihrem Inneren erreicht. Die Algen machen aus dem Licht Nahrung für die Muschel. Tolle Zusammenarbeit!

**Mehr als ein Meter breit**

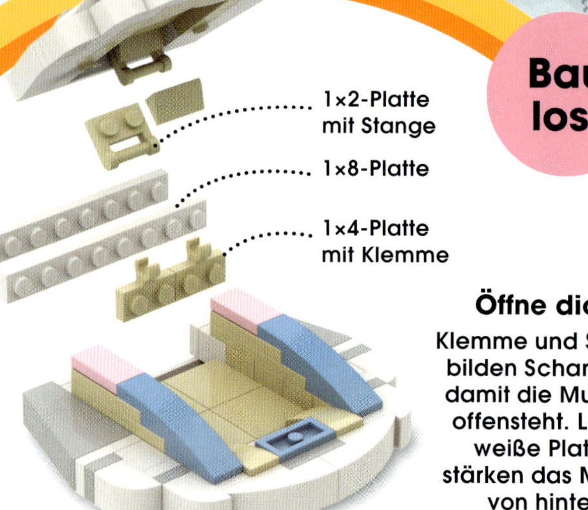


**Bau los!**

**Öffne dich!**

**Klemme und Stange bilden Scharniere, damit die Muschel offensteht. Lange weiße Platten stärken das Modell von hinten.**

**Riesenmuscheln wiegen bis zu 300 kg – mehr als vier Menschen!**

Die Haut ändert zur Tarnung die Farbe.

## ◀ Dorniges Seepferdchen

Dieses winzige, stachlige Wesen sieht nicht aus wie ein Fisch, ist aber einer! Mit seiner beweglichen Schnauze fängt es kleine Meereswesen namens Plankton.

Ein Schleimfilm schützt den Fisch vor dem Anemonengift.

ICH BIN ZWAR DER LANGSAMSTE FISCH DER WELT, ABER ICH KOMME AN!

## ▲ Clownfisch

Clownfische leben in den Gifttentakeln einer Seeanemone. Sie halten die Anemone sauber und werden dafür vor größeren Fischen geschützt.

Der Schwanz legt sich um Pflanzen und Korallen.

**Flossen aus Flossen**

**Elemente, die man an den Füßen von LEGO® Minifigurentauchern findet, kommen umgekehrt an dieses Seepferd-Modell!**

Bau los!

Der flache Körper passt zwischen die Korallen.

KOMMEN ANDERE FISCHE ZU NAH, KNURRE ICH ZUR WARNUNG!

## ◀ Bermuda-Engelfisch

Engelfische lieben Korallenriffe – die unterseeischen Steine und Höhlen schützen sie vor Stürmen und bieten ihnen Verstecke vor Raubtieren.

Korallen bieten Verstecke für Riffbewohner.

Korallen bestehen aus Tausenden kleinen Tieren – den Polypen.

## ▲ Korallen

Korallen haben verschiedene Formen, Größen und Farben. Manche wirken wie Unterwasserbäume und -blumen, andere wachsen in stachligen Säulen oder Fächerformen.

# Polargebiete

## Arktis (Norden)

### ▼ Eisbär

Der größte Bär der Erde ist gut an seine Welt angepasst. Unglaublich dichtes Fell und eine dicke, Blubber genannte Fettschicht halten ihn mollig warm, während er auf dem Eis oder im kalten Meer Seehunde fängt.

**Ganz oben und unten auf unserem Planeten gibt es zwei eisige Polargebiete – die Arktis im Norden und die Antarktis im Süden. Selbst in diesen rauen, eisigen Ödlanden haben ein paar der zähesten Pflanzen und Tiere Möglichkeiten zum Überleben gefunden.**

**Der weiße Pelz verschmilzt mit dem Schnee.**

**Scharfe Klauen finden auf dem rutschigen Eis Halt.**

*ICH KANN EINEN SEEHUND ERSCHNÜFFELN, SOGAR UNTER DEM EIS!*

## Lebensraum-Fakten

Die **Arktis** besteht aus **Meer**, das von **Land** umgeben ist, und einem **gewaltigen Eisklumpen** in der Mitte. Das Klima ist nicht ganz so kalt und rau wie in der **Antarktis**. Die Antarktis ist ein Kontinent mit Land, darum sind dort mehr Landtiere, Vögel und Pflanzen zu Hause.

**Der Stoßzahn wird 3 m lang.**

*MAN NENNT MICH DAS EINHORN DER MEERE!*

**Der starke Schwanz hilft beim Tauchen in 1,5 km Tiefe.**

### Narwal ▲

Dieser Wal hat ein Hauptmerkmal – den langen, dünnen Stoßzahn! Niemand weiß genau, wozu der Zahn dient, aber nur die Männchen bekommen ihn.

**Bau los!**

Gebogener 1×3-Dachstein

1×2/1×2-Winkelstein

1×2-Kachel

**Glatt gebaut**

**Die glatten Seiten des Narwals bestehen aus gebogenen Dachsteinen und Kacheln auf Winkelsteinen.**

# Antarktis (Süden)

Schnabel zum Muschelknacken

Lange, schmale Flügel

## Wanderalbatros ▲

Die größten Meeresvögel der Welt verbringen den Großteil des Lebens im Flug über dem Südmeer. Jeder Langstreckenflug geht über Tausende Kilometer.

DIE AUSSICHT IST HIER OBEN TOLL – WENN MAN GERN EIS, EIS UND NOCH MEHR EIS SIEHT!

## Lebensraum-Fakten

Das eine, worum sich **Pinguine** niemals Sorgen machen müssen, ist ein **Eisbär**! Pinguine gibt es nur auf der **Südhalbkugel** der Erde, während Eisbären auf der **Nordhalbkugel** im Gebiet der kalten Arktis leben.

Ein kleiner Eisberg löst sich von einem größeren, das heißt „kalben".

Nur 10 % eines Eisbergs sind über dem Wasser.

## ▲ Eisberg

Auf den großen Blöcken aus Treibeis kann einiges los sein. Viele Meereswesen ruhen sich dort aus – und das ruft Raubtiere auf den Plan, etwa Wale.

## Bau los!

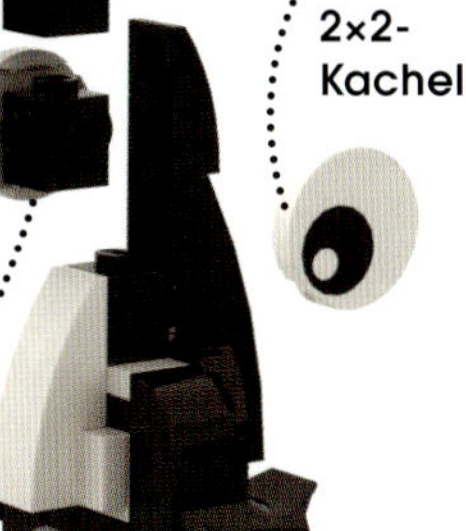


Gebogener 1×2-Dachstein

Horn-Element

Runde 1×1-Platte mit Loch

1×1-Stein mit vier Seitennoppen

### Pinguingesicht

Der Kopf entsteht um einen 1×1-Stein mit vier Seitennoppen. Auf den Seiten stecken Augen und ein schwarzes Horn-Element als Schnabel.

WIR PINGUINE KUSCHELN, UM UNS ZU WÄRMEN!

Kurze, dichte Federn halten die Kälte ab.

Weiße Ringe rund um die Augen

## ◀ Adeliepinguin

Wie alle Pinguine können Adeliepinguine nicht fliegen. Ihre Flügel nutzen sie wie Flossen unter Wasser und schnellen dann zurück aufs Eis wie kleine Raketen!

# Eisige Tundra

**Die arktische Tundra ist das eisige, entlegene Land rund um den Polarkreis oben auf unserem Planeten. Tundra bedeutet „baumloses Land“: Das ist die perfekte Beschreibung für den kalten, windigen, trockenen Lebensraum, wo Pflanzen und Tiere nur schwer überleben.**

## ▼ Flechten

Flechten sind keine Pflanzen – sondern eine Partnerschaft zwischen einem Pilz und pflanzenartigen Algen. Flechten wachsen unfassbar langsam – sie brauchen 100 Jahre für nur einen Millimeter.

**Flechten gibt es in bunten Farben.**

**Flechten überleben auf nacktem Fels.**

MAN NENNT MICH GEIST DER TUNDRA. ICH WEISS GAR NICHT, WARUM!

**Weiche Federn für lautlose Flüge**

## ◀ Schneeeule

Da es keine Bäume gibt, baut diese große Eule ihr Nest auf dem harten Boden. Sie fliegt tief und lauscht auf Lemminge unter dem Schnee. Dann stößt sie hinab, um sie zu fangen!

**Starke, scharfe Krallen packen Beute.**

## ▼ Schneehase

In der verschneiten Tundra ist der dichte, weiße Pelz des Schneehasen eine gute Tarnung. Im kurzen Sommer, wenn der Schnee schmilzt, wird er dunkler.

**Die seitlichen Augen sehen schnell Gefahr.**

**Die starken Beine laufen mit 60 km/h über den Schnee.**

**Bau los!**

**Flugübung**

**Zwei schräge Platten mit einem gebogenen Dachstein bilden elegante Flügel. Ein Kugel-Pfannen-Gelenk macht sie beweglich.**

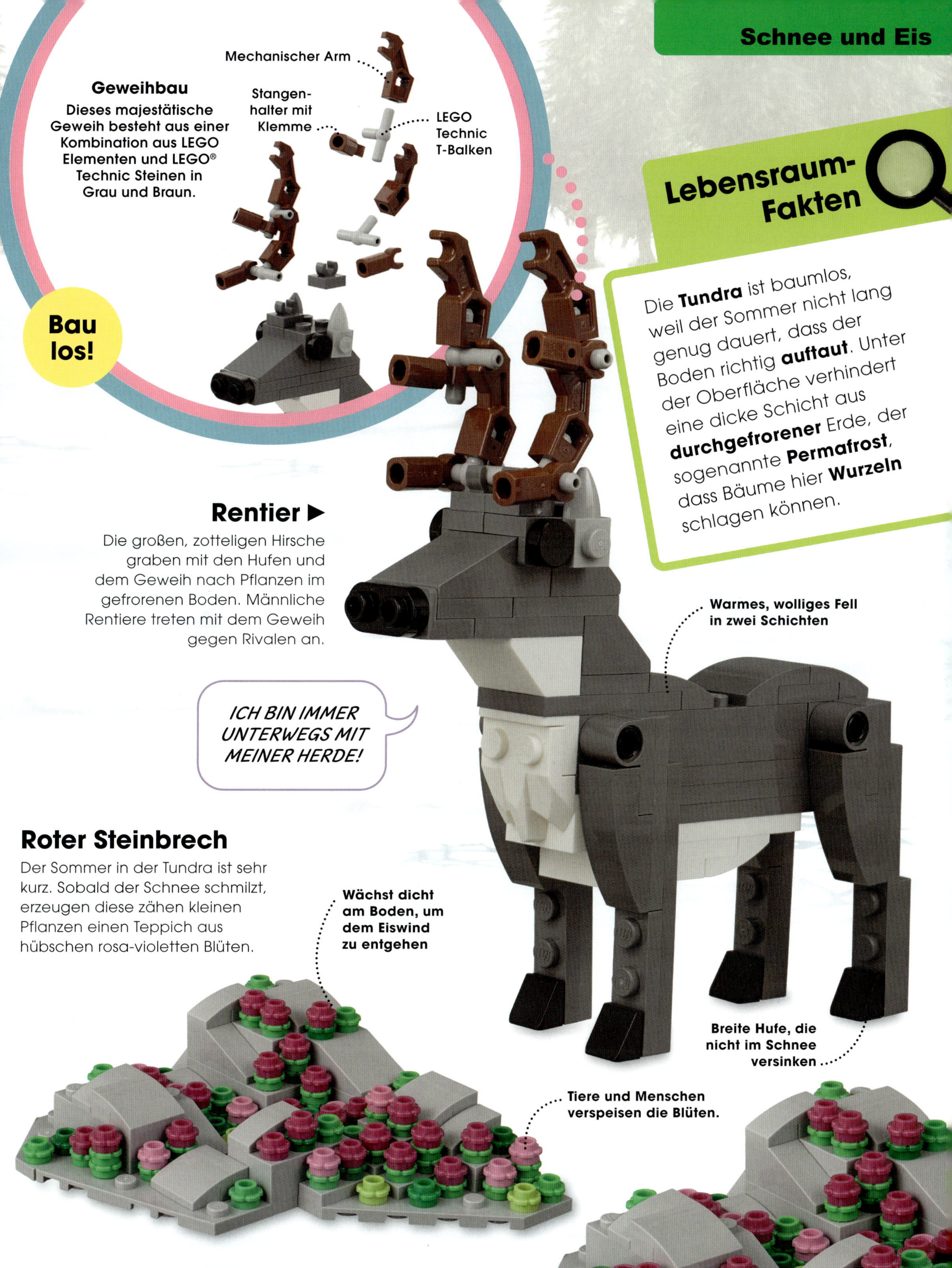


**Geweihbau**
**Dieses majestätische Geweih besteht aus einer Kombination aus LEGO Elementen und LEGO® Technic Steinen in Grau und Braun.**

## Lebensraum-Fakten

Die **Tundra** ist baumlos, weil der Sommer nicht lang genug dauert, dass der Boden richtig **auftaut**. Unter der Oberfläche verhindert eine dicke Schicht aus **durchgefrorener** Erde, der sogenannte **Permafrost**, dass Bäume hier **Wurzeln** schlagen können.

## Rentier ▶

Die großen, zotteligen Hirsche graben mit den Hufen und dem Geweih nach Pflanzen im gefrorenen Boden. Männliche Rentiere treten mit dem Geweih gegen Rivalen an.

## Roter Steinbrech

Der Sommer in der Tundra ist sehr kurz. Sobald der Schnee schmilzt, erzeugen diese zähen kleinen Pflanzen einen Teppich aus hübschen rosa-violetten Blüten.

Vogelfalter
Hellroter
Ara
Baumsteiger-
frosch

# Wälder

Stehen Bäume zusammen, bilden sie Wälder. Wälder wachsen auf der ganzen Welt. Ob es heiß und feucht ist, kalt und trocken oder irgendwo dazwischen, sie beherbergen mehr Landtiere als jeder andere Lebensraum.

# Wald-Lebensräume

**Wälder sind wichtig für unseren Planeten. Sie beherbergen nicht nur viele Tiere, sondern erzeugen auch Sauerstoff, den wir alle brauchen. In Regenwäldern erschaffen sie sogar Regenwolken!**

## ◀ Laubwälder

Laubwälder wachsen dort, wo das Klima weder zu heiß noch zu kalt ist. Viele Tiere leben hier am liebsten, denn man findet sogar im Winter genug Nahrung.

## ▲ Nadelwälder

Obwohl es einigen Tieren zu kalt ist, ist es der ideale Lebensraum für Vögel und kleine Säugetiere, die sich von Zapfen und Beeren der immergrünen Bäume ernähren.

## Der Waldboden ▶

Der schattige, kühle und feuchte Waldboden ist die Heimat einer ganzen Schar von Waldtieren, bunten Pilzen und Blumen.

## Regenwald ▶

Unter den hohen, üppigen Bäumen des Regenwalds gibt es eine bunte Vielfalt der ungewöhnlichsten Tiere und Pflanzen der Welt.

## ◀ Regenwaldinsekten

Tief im australischen Regenwald leben die größten, lautesten und schönsten Insekten, die man je zu sehen bekommt.

# Laubwälder

**Manche Bäume wechseln ständig das Kleid. Im Herbst werfen sie ihre Blätter ab, dann lassen sie sich im Frühling frische hellgrüne Blätter wachsen. Man nennt sie Laubbäume, und ihre Wälder sind eine gute Heimat für viele Tiere.**

## Lebensraum-Fakten

Warum lieben Tiere **Laubwälder**? Der **Boden** ist reichhaltig und feucht, darum wachsen **Pflanzen** gut. Damit gibt es überall viel **Nahrung** – für Tiere, die Pflanzen fressen, und für Tiere, die wiederum sie fressen! Der Wald ist im Sommer **warm** und im Winter gibt es immer **Verstecke** als Schutz, oder um bis zum Frühling zu schlafen.

**Die Riesenaugen sehen kleinste Bewegungen.**

**Krummer Schnabel zum Fressen**

### ◀ Waldkauz

Das runde Eulengesicht fängt Geräusche auf und leitet sie zu den Ohren. Das ist praktisch, wenn man lauscht, ob Mäuse unter dem Laub huschen.

**Später entrollen sich die Wedel.**

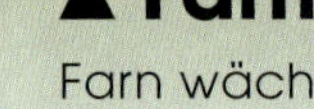

### ▲ Farn

Farn wächst in schattigen Wäldern, denn der Boden bleibt auch in der Sommerhitze feucht. Sie haben große Blätter, sogenannte Wedel, die möglichst viel Sonne sammeln.

ICH FRESSE FAST ALLES, WAS ICH FINDE!

### Wildschwein ▶

Dieses Schwein schnüffelt mit seiner biegsamen Schnauze nach Nüssen, Wurzeln, Würmern und Kleintieren. Ein Eber wiegt gute 300 kg.

**Scharfe Hauer, um Rivalen zu vertreiben**

**Kurze und relativ dünne Beine für seine Größe**

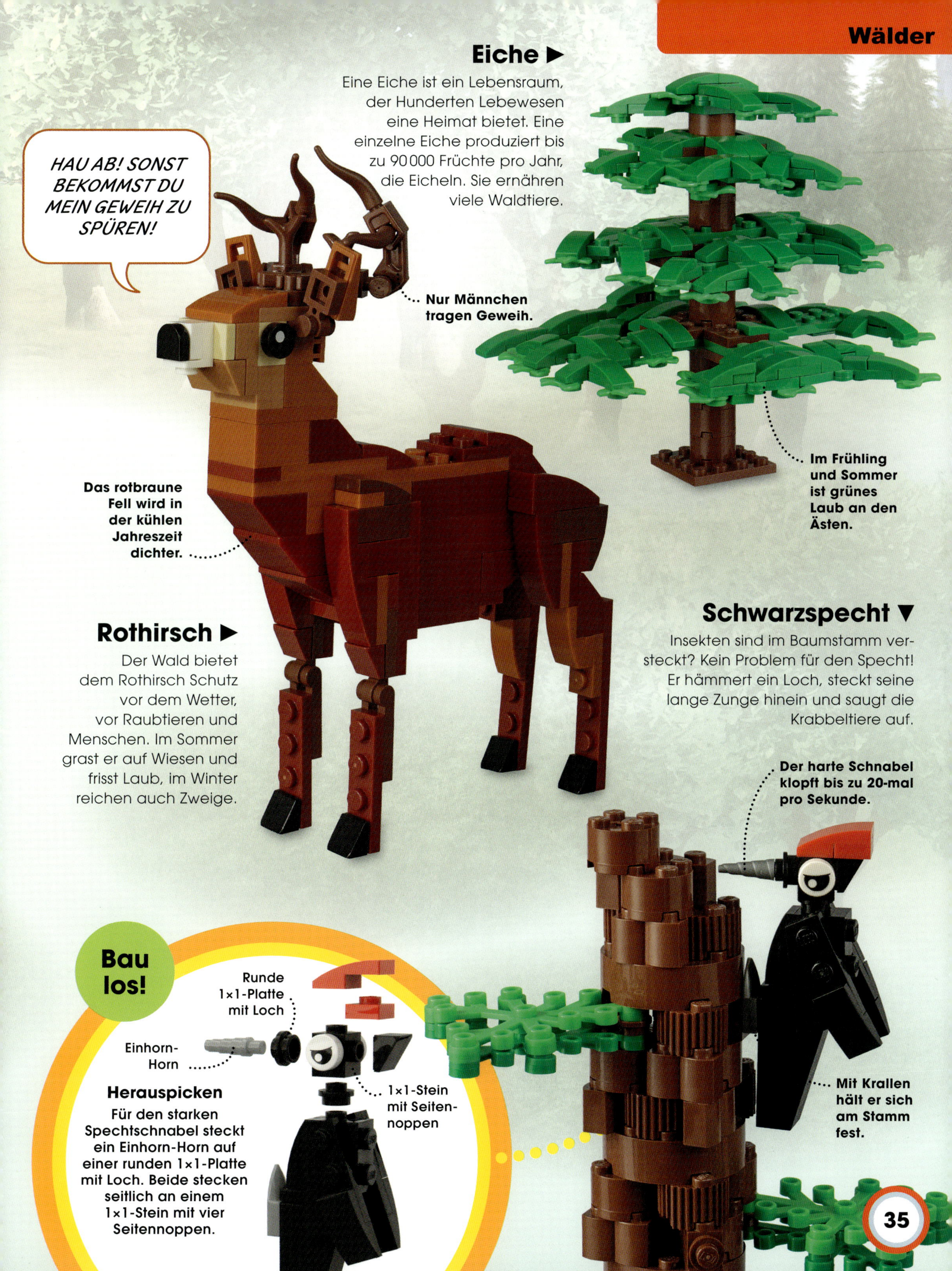


## Eiche ▶

Eine Eiche ist ein Lebensraum, der Hunderten Lebewesen eine Heimat bietet. Eine einzelne Eiche produziert bis zu 90 000 Früchte pro Jahr, die Eicheln. Sie ernähren viele Waldtiere.

## Rothirsch ▶

Der Wald bietet dem Rothirsch Schutz vor dem Wetter, vor Raubtieren und Menschen. Im Sommer grast er auf Wiesen und frisst Laub, im Winter reichen auch Zweige.

## Schwarzspecht ▼

Insekten sind im Baumstamm versteckt? Kein Problem für den Specht! Er hämmert ein Loch, steckt seine lange Zunge hinein und saugt die Krabbeltiere auf.

**Bau los!**

**Herauspicken**

**Für den starken Spechtschnabel steckt ein Einhorn-Horn auf einer runden 1×1-Platte mit Loch. Beide stecken seitlich an einem 1×1-Stein mit vier Seitennoppen.**

# Nadelwälder

**Das Leben im Nadelwald ist hart – darum sind auch die Bäume hart! Pflanzen und Tiere haben Merkmale, die ihnen helfen, lange, kalte Winter zu überstehen und die kurzen Sommer zu nutzen.**

**Bau los!**

**Beflügelt**

**Bau einen bunten Flügel mit Lagen aus dünnen Platten und Kacheln an einem Stein mit Seitennoppen am Körper des Vogels.**



## Riesen-mammutbaum ►

Das ist der größte Baum der Erde. Ein Riesenmammutbaum wird über 100 m hoch, sein Stamm ist so breit, dass man einen Tunnel hineinbauen und mit dem Auto durchfahren kann!



## ▼ Blauhäher

Diese Krähenvögel sind trickreich – sie kopieren die Rufe von Raubvögeln. Damit vertreiben sie andere Vögel und stehlen ihnen ihr Futter!

## ◀ Weißfichte

Dieser zähe Baum übersteht die härtesten Winter. Seine Nadeln, Zapfen und Samen sind eine wichtige Nahrungsquelle für Waldtiere wie Schneehühner, Hasen und Mäuse.

**Schnee rutscht von den schrägen Ästen.**

## Lebensraum-Fakten

**Koniferen** wie Mammutbäume und Fichten nennt man immergrüne **Nadelbäume**, denn anstatt Blättern, die sie im Herbst abwerfen, bleiben ihre harten grünen **Nadeln** das ganze Jahr erhalten. Ihre Samen wachsen in harten Schalen, den **Zapfen**.

**Den Männchen wächst jährlich ein neues Geweih.**

*ICH KANN TOLL SCHWIMMEN!*

## ◀ Elch

Der größte Hirsch der Welt sieht wild aus, ist aber ein scheuer Pflanzenfresser. Im Winter lebt er von Rinde und zähen Nadeln.

**Langes Frostschutz-Fell**

## Bau los!

**Gebogene 1×2-Platte**

**1×1-Dachstein**

**1×1-Platte mit Klemme**

**Gesichtszüge**

**Kleine LEGO® Steine in unterschiedlichen Formen bilden süße Tiergesichter.**

## ▲ Vielfraß

Obwohl sie mit den Dachsen verwandt sind, sind Vielfraße größer, stärker und viel, viel wilder. Sie stehlen sogar Bären das Fressen!

# Waldboden

**In kühlen Wäldern ist der Boden ein Teppich aus abgefallenen Früchten und Samen, Laub und fauligem Holz. Alle möglichen Tiere, Insekten, Bakterien, Würmer und Pilze genießen das Festmahl.**

### ▼ Rindenpilze

Dieser harte Pilz wächst aus Totholz heraus und bietet wichtige Nahrung für Insekten.

### ▼ Garten-Bänderschnecke

Schnecken geben Spuren aus silbrigem Schleim ab, der ihnen hilft, mühelos über den Boden zu gleiten, während sie Nahrung suchen.

### Hirschkäfer ▲

Dieser Käfer ist groß! Er lebt im Totholz. Die Männchen haben riesige Kiefer, die sogenannten Mandibeln, die wie ein Hirschgeweih wirken.

## Igel ▶

Die spitzen Stacheln des Igels sind angepasste Haare. Spürt er Gefahr, rollt er sich zu einem Ball zusammen – die meisten Raubtiere beißen nicht gern in Stacheln.

Die Schnauze erschnüffelt Insekten.

Bis zu 7000 Stacheln

HALLO, FREUND, BIST DU DAS?

Rollt sich in einen Stachelball

## Lebensraum-Fakten

Der **Waldboden** ist eine Wiederverwertungs-Anlage – alles wird in einem endlosen Kreislauf **recycelt**. Faulendes Holz, Blätter und Tierhinterlassenschaften werden von Bakterien und Insekten **zersetzt**. Das Material sickert in den Boden und lässt **Pflanzen wachsen**, die **Nahrung** für Tiere bietet.

## ▼ Marienkäfer

Die Farben und schwarzen Punkte auf dem Panzer des Marienkäfers warnen Raubtiere – friss mich nicht, oder dir wird schlecht!

ICH LIEBE BLATTLÄUSE. ICH FRESSE TÄGLICH 50!

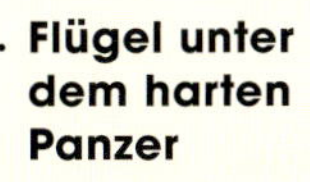

Flügel unter dem harten Panzer

## Fliegenpilz ▼

Fliegenpilze und andere Pilze sehen aus wie Pflanzen, sind aber keine. Pilze brauchen keine Sonne zum Wachsen, darum ist der dunkle Waldboden ihre ideale Heimat.

Vorsicht, giftig!

## Bau los!

Gestapelte Platten als runder Panzer

Fühler aus einer Stange mit runder Platte

Roboterarme an einem Achteckring

### Käfer-Lagen

Gesicht, Beine und Panzer stecken an einer Box in der Mitte auf einer 4×4-Platte.

# Regen-wälder

**Die heißen, feuchten Wälder rund um den mächtigen Fluss Amazonas in Südamerika beherbergen eine Vielfalt kreischender, knurrender, heulender und zischender Tiere. Dort wachsen auch einige der höchsten Bäume und ungewöhnlichsten Pflanzen der Erde.**

## ▼ Hellroter Ara

Diese großen Papageien mit langem Schwanz leben auf den höchsten Bäumen und ernähren sich von Nüssen und Früchten. Mit lautem Kreischen finden sie einander.

**Starker Schnabel zum Klettern**

NÜSSE MAG ICH AM LIEBSTEN!

**Hellrote Aras haben viele Farben.**

## ◀ Regenwald-Orchidee

Diese schönen Pflanzen wachsen hoch oben an großen Bäumen, wo sie Sonnenlicht bekommen. Oft nehmen ihre Wurzeln die Feuchtigkeit, die sie brauchen, aus der Luft auf.

**Ihre bunten Blüten ziehen Insekten an.**

LASS UNS IN RUHE, SONST TUT'S DIR LEID!

**Leuchtend bunte Muster warnen Raubtiere.**

## ◀ Baumsteigerfrosch

Sie sind nicht größer als ein Fingernagel, doch diese Frösche sind gefährlich – sie haben genug Gift in der Haut, um 10 000 Mäuse dahinzuraffen!

**Kopfneigung**
Mit einem Scharnierstein und einer Scharnierplatte erhält der Kopf einen natürlichen Winkel. Er sitzt auf einer Steckerplatte.

**Bau los!**

## Ozelot ▶

Diese Waldkatze ist doppelt so groß wie eine Hauskatze. Tagsüber schlummert sie und wacht zum Fressen auf, wenn es dunkel wird.

## ◀ Kapokbaum

Der Kapokbaum ist eine von 6000 Baumarten im Regenwald und eine der höchsten. Kapokbäume werden über 500 Jahre alt!

## ◀ Roter Brüllaffe

Brüllaffen sind die lautesten Landtiere! Ihre dröhnenden Schreie hört man bis zu 5 km weit. Sie warnen andere Gruppen, sich aus ihrem Revier fernzuhalten.

Langer Schwanz zum Klettern

## Lebensraum-Fakten

Der **Regenwald** hat verschiedene Stockwerke oder **Zonen**, die unterschiedliche Tiere und Pflanzen beherbergen:

**Urwaldriesen** Im höchsten Stockwerk ragen die höchsten Bäume in den Himmel.

**Kronendach** Hohe Baumwipfel bilden ein Dach aus Blättern und Ästen.

**Strauchschicht** Weiter unten gibt es kleinere Bäume, Büsche und Ranken.

**Urwaldboden** Ganz unten ist eine dunkle, feuchte Schicht aus Laub und gefallenen Früchten.

# Urwald-Insekten

**Die Urwälder in Australien sind vielfältige Dschungel – manche heiß und schwül, andere sehr viel kühler. Aber alle sind feucht und enthalten eine Vielzahl der seltsamsten Krabbeltiere der Welt.**

## Gottesanbeterin ▼

Die Gottesanbeterin ist eine verstohlene Jägerin. Ganz still wartet sie, bis ein kleineres Insekt nahekommt. Dann stürzt sie sich auf die Beute und beißt mit starkem Kiefer zu.

*ICH BETE, DASS BEUTE VORBEIKOMMT!*

**Große Augen erspähen Beute.**

## ◀ Vogelfalter

Die größten Schmetterlinge der Welt haben eine größere Flügelspannweite als viele Urwaldvögel. So gelangen sie zu den Baumwipfeln, wo sie sich von Kletterpflanzen ernähren.

**Der Rüssel saugt Nektar aus Pflanzen.**

**Das Gift des Schmetterlings schützt vor Raubtieren.**

*ICH BIN SUPER IM VERSTECKEN!*

**Harter Panzer**

**Stachlige Greif-Vorderbeine**

**Bau los!**

LEGO Stange

Stangenhalter mit Griff

Stangenhalter mit Klemme

### Insekten-Beine

**Die Gliederbeine sind LEGO Stangen, die mit Stangenhaltern mit Griff und Stangenhaltern mit Klemme verbunden sind.**

## ▲ Australische Gespensterschrecke

Dieses Rieseninsekt ist so lang wie dein Unterarm! Es versteckt sich vor Raubtieren, indem es fast genauso aussieht wie die stachligen Büsche, in denen es lebt.

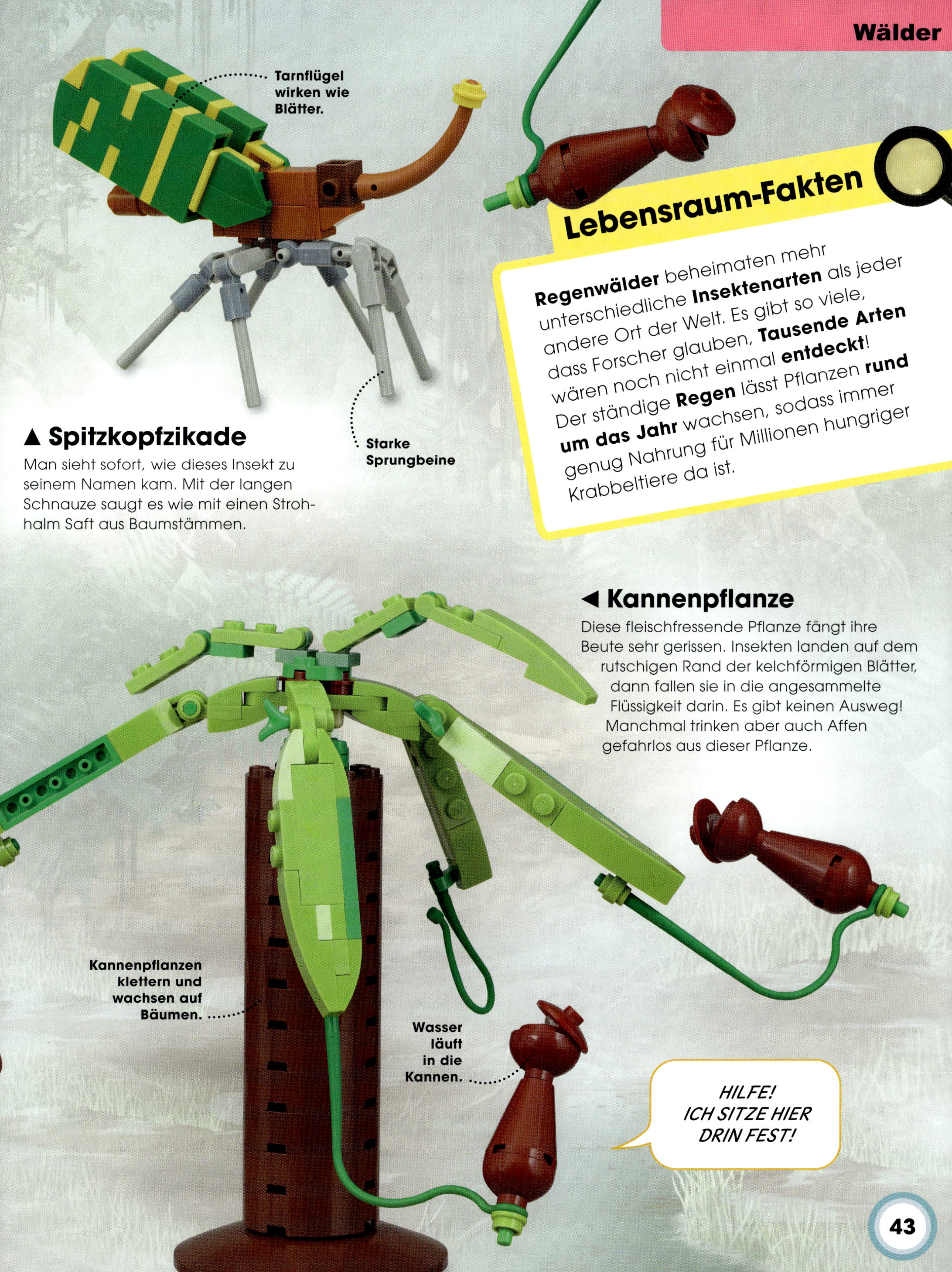


## ▲ Spitzkopfzikade

Man sieht sofort, wie dieses Insekt zu seinem Namen kam. Mit der langen Schnauze saugt es wie mit einen Strohhalm Saft aus Baumstämmen.

## Lebensraum-Fakten

**Regenwälder** beheimaten mehr unterschiedliche **Insektenarten** als jeder andere Ort der Welt. Es gibt so viele, dass Forscher glauben, **Tausende Arten** wären noch nicht einmal **entdeckt**! Der ständige **Regen** lässt Pflanzen **rund um das Jahr** wachsen, sodass immer genug Nahrung für Millionen hungriger Krabbeltiere da ist.

## ◀ Kannenpflanze

Diese fleischfressende Pflanze fängt ihre Beute sehr gerissen. Insekten landen auf dem rutschigen Rand der kelchförmigen Blätter, dann fallen sie in die angesammelte Flüssigkeit darin. Es gibt keinen Ausweg! Manchmal trinken aber auch Affen gefahrlos aus dieser Pflanze.

Erdmännchen
Großer Rennkuckuck
Wüsten-
schildkröte
Hornviper

# Gebirge und Ebenen

Millionen Jahre lang schoben sich riesige Teile der Erdoberfläche aneinander, sodass der Boden aufgetürmte Berge bildete, die von weiten, offenen Ebenen umgeben sind.

# Gebirgs- und Ebenen-Lebensräume

**An den höchsten Orten der Erde ist das Leben kalt und rau. Dagegen wird Tieren, die über Ebenen ziehen, oft so heiß, dass sie sich verstecken müssen!**

## ▼ Hochgebirge

An den Hängen der Hochgebirge der Welt ist der Boden eisig und felsig, und es gibt wenig Schutz vor Wind und Regen. Nur die zähesten Tier-Bergsteiger wohnen hier.

## ▲ Kalte, dunkle Höhlen

Tiefe Felshöhlen in den Bergen bieten Schutz vor Kälte, Regen und Schnee, und Sicherheit vor Raubtieren. Hab bloß keine Angst vor der Finsternis …

## Grasland ►

Afrikas Ebenen ziehen verschiedene Grasfresser an. Einige der wildesten Raubtiere der Erde wissen das auch – also aufgepasst, hier ist es gefährlich!

## ▼ Unterirdische Baue

Manche Savannentiere graben sich ihre eigenen Höhlen, die man Baue nennt. Sie sind kühl und sicher, mit viel Nahrung – wenn man Würmer mag!

## Blumenwiesen ►

Wiesen sind voller Blumen. Die üppigen Felder beherbergen alle möglichen Insekten – von Hummeln bis zu Schmetterlingen.

## ▼ Wüste bei Nacht

Eine Möglichkeit, die Hitze der Wüste zu überleben, ist ein Leben bei Mondschein. Aber Achtung – es wird kälter, als du glaubst!

## ▲ Wüsten

In der heftigen Tageshitze kann eine Sandwüste leer und leblos wirken. Aber schau genauer hin – es gibt eine Menge Leben, wenn du weißt, wo.

# Leben auf dem Berg

Im Himalaja stehen Tiere vor denselben Herausforderungen wie ein Bergsteiger – je höher man ist, desto kälter wird es und desto weniger Sauerstoff gibt es zum Atmen. Doch selbst hier im höchsten Lebensraum der Erde gedeiht das Leben.

## Argali ▼

Das größte Wildschaf der Welt hat auch die größten, elegantesten Hörner! Sie wirken bedrohlich, doch Argalis futtern in friedlichen Herden Gras und trinken Schmelzwasser.

### Blüten-Bau

Ein Stein mit Seiten-noppen steckt an Blütenknospen und Platten mit Stange. Blätter klemmen an den Stangen und lassen sich neigen.

## ▲ Wilder Rhododendron

Diese baumgroßen Pflanzen wachsen in Wäldern in Bergtälern. Ihre zähen Blätter sind giftig, was sie davor schützt, von hungrigen Tieren verspeist zu werden.

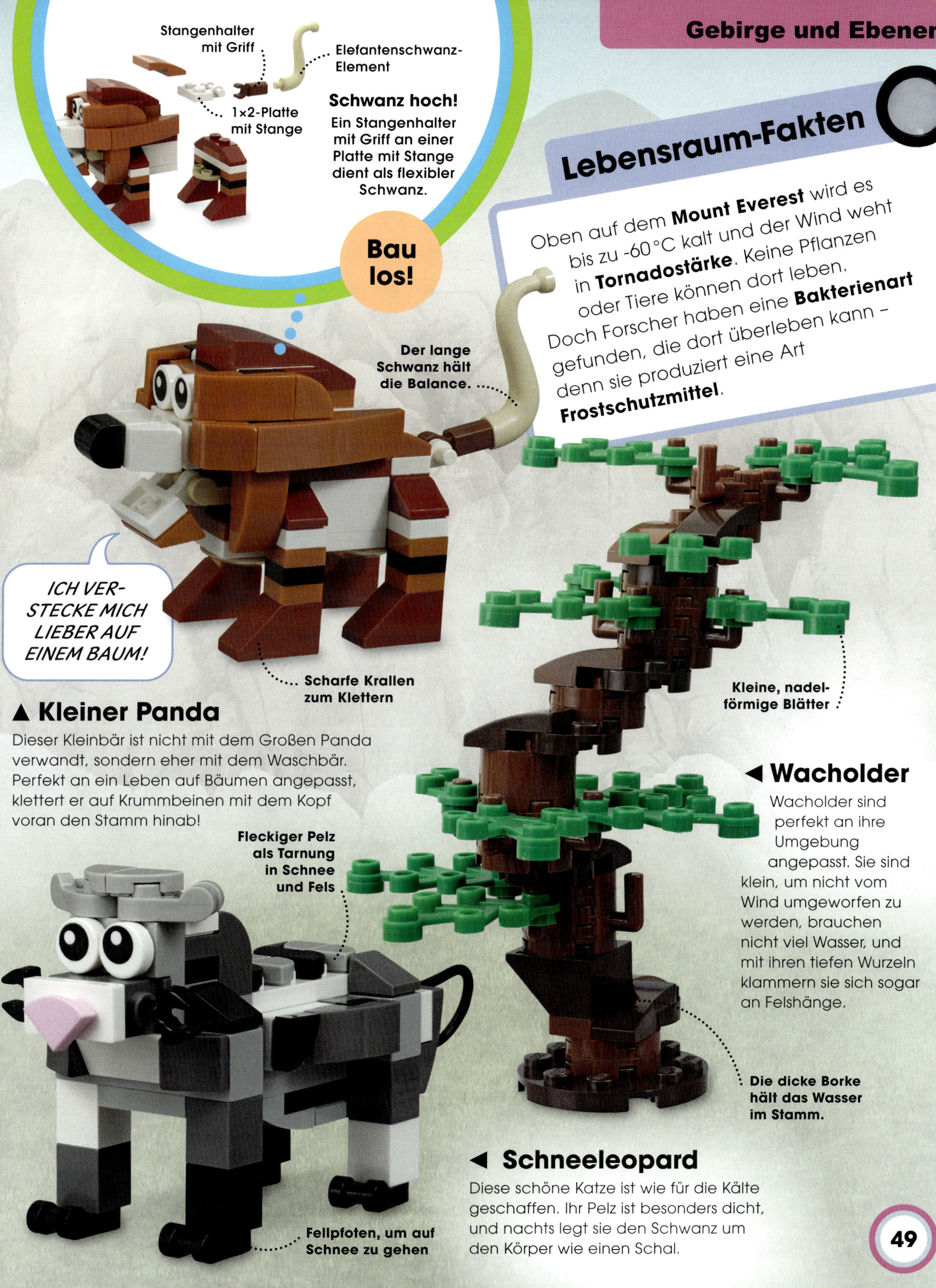


**Schwanz hoch!**
Ein Stangenhalter mit Griff an einer Platte mit Stange dient als flexibler Schwanz.

## Lebensraum-Fakten

Oben auf dem **Mount Everest** wird es bis zu -60 °C kalt und der Wind weht in **Tornadostärke**. Keine Pflanzen oder Tiere können dort leben. Doch Forscher haben eine **Bakterienart** gefunden, die dort überleben kann – denn sie produziert eine Art **Frostschutzmittel**.

## ▲ Kleiner Panda

Dieser Kleinbär ist nicht mit dem Großen Panda verwandt, sondern eher mit dem Waschbär. Perfekt an ein Leben auf Bäumen angepasst, klettert er auf Krummbeinen mit dem Kopf voran den Stamm hinab!

## ◀ Wacholder

Wacholder sind perfekt an ihre Umgebung angepasst. Sie sind klein, um nicht vom Wind umgeworfen zu werden, brauchen nicht viel Wasser, und mit ihren tiefen Wurzeln klammern sie sich sogar an Felshänge.

## ◀ Schneeleopard

Diese schöne Katze ist wie für die Kälte geschaffen. Ihr Pelz ist besonders dicht, und nachts legt sie den Schwanz um den Körper wie einen Schal.

# Fels-höhlen

**Wäre unsere Erde ein Wohnblock, wären Höhlen der Keller. Sie sind sehr dunkel und die Luft riecht manchmal abgestanden. Dafür gibt es dort oft viel Wasser und es wird nie zu heiß oder zu kalt. Für manche Tiere ist eine Höhle ein Luxusheim!**

**Tropfendes Wasser formt Stalaktiten.**

**Säulen, die vom Boden nach oben wachsen, sind Stalagmiten.**

## ▲ Stalaktiten

Wenn Wasser ganz langsam vom Höhlendach tropft, härten die Mineralien im Wasser irgendwann aus und bilden diese nach unten gerichteten Spitzen.

**Schuppen-bedeckte Augen**

**Farblose Haut**

**Ledriger Körper**

*WENN ICH GROSS BIN, HABE ICH FLÜGEL!*

## Riesenhöhlenschabe ►

Die größte Schabe der Welt nutzt ihre Fühler und Beinborsten, um im Dunkeln herumzutasten. Ihr flacher Körper ist ideal, um sich in Spalten und Fugen zu quetschen.

## ▲ Blinder Höhlensalmler

Dieser Fisch hat sich an das Leben in unterirdischen Gewässern angepasst, indem er auf Augen verzichtet. Er findet sich über Vibrationen mit Nerven an der Körperseite zurecht.

**Bau los!**

**1×1-Stein mit Seitennoppen**

**1×1-Platte mit Griff**

**Flosse aus gebogenem 1×2-Dachstein**

**Fisch-Bau**

**Der Fisch wird vom Schwanz aus gebaut. Am 1×1-Stein mit Seitennoppen stecken die Flossen.**

**Faltflügel**

**Als bewegliche Fledermausflügel dienen zwei Scharnierplatten und zwei schräge Platten.**

## Lebensraum-Fakten

Viele **Tiere** nutzen Höhlen! Manche sind so gut daran angepasst, dass sie **draußen** nicht überleben können. Andere wie Fledermäuse **suchen** nachts draußen **Nahrung**, dann kehren sie zum Schlafen **zurück**. Tiere wie Ratten, Bären und Waschbären nutzen Höhlen als **vorübergehende** Bleibe, oder um Gefahr oder Unwettern zu entgehen.

## Fledermaus ▶

Statt ihres Augenlichts nutzen Fledermäuse Quietschgeräusche, um sich zurechtzufinden. Sie lauschen den Echos, die von allem zurückgeworfen werden. Fledermäuse finden dadurch sogar kleine, schnelle Insekten.

## Mexikanische Nachtnatter ▶

Diese kleine Schlange sucht in Höhlen Nahrung. Sie schlängelt sich die Wand hinauf und hängt von einem Deckenspalt herab, wo sie auf vorbeifliegende Fledermäuse wartet.

## Leuchtmoos

Manche Moose wachsen sogar bei sehr schlechtem Licht, etwa am Eingang einer Höhle. Sie werfen einen Teil des Lichts zurück und leuchten im Dunkeln!

# Graslandtiere

**Was wächst dort, wo es mehr regnet als in der Wüste, aber nicht genug, dass Bäume wachsen? Die Antwort lautet: Gras! In Afrika heißt das Grasland Savanne. Dort leben mit die größten Landtiere der Erde. Gehen wir auf Safari!**

### ▲ Affenbrotbaum

In der Savanne haben es Bäume wegen Regenmangel schwer. Der Affenbrotbaum hat einen extrem dicken Stamm, der bei Regen anschwillt und Wasser für die Trockenzeit speichert.

JEDEN TAG MACHE ICH HAUFEN, DIE MEHR WIEGEN ALS DU!

MEIN COUSIN ZAZU IST EIN FILMSTAR. KENNST DU IHN?

**Der starke Hals stützt den großen Schnabel.**

### Rotschnabeltoko ►

Der lange, krumme Schnabel dieses Vogels ist wie gemacht zum Graben nach Käfern, Grashüpfern, Termiten und Echsen im harten Savannenboden.

**Lange Stoßzähne**

**Die dicke Faltenhaut hält alles kühl.**

### ▲ Afrikanischer Elefant

Das größte Savannentier wiegt bis zu 6000 kg – mehr als 75 Menschen! Um in der Sonnenhitze kühl zu bleiben, schlackert der Elefant mit den Riesenohren wie mit Fächern.

**Bau los!**

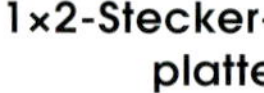


**Rüsseltier**

**Der lange Rüssel steckt an Steckerplatten auf dem Gesicht. Der Rüssel besteht aus gebogenen Dachsteinen und Steinen.**

**Gebogener 1×4-Dachstein**

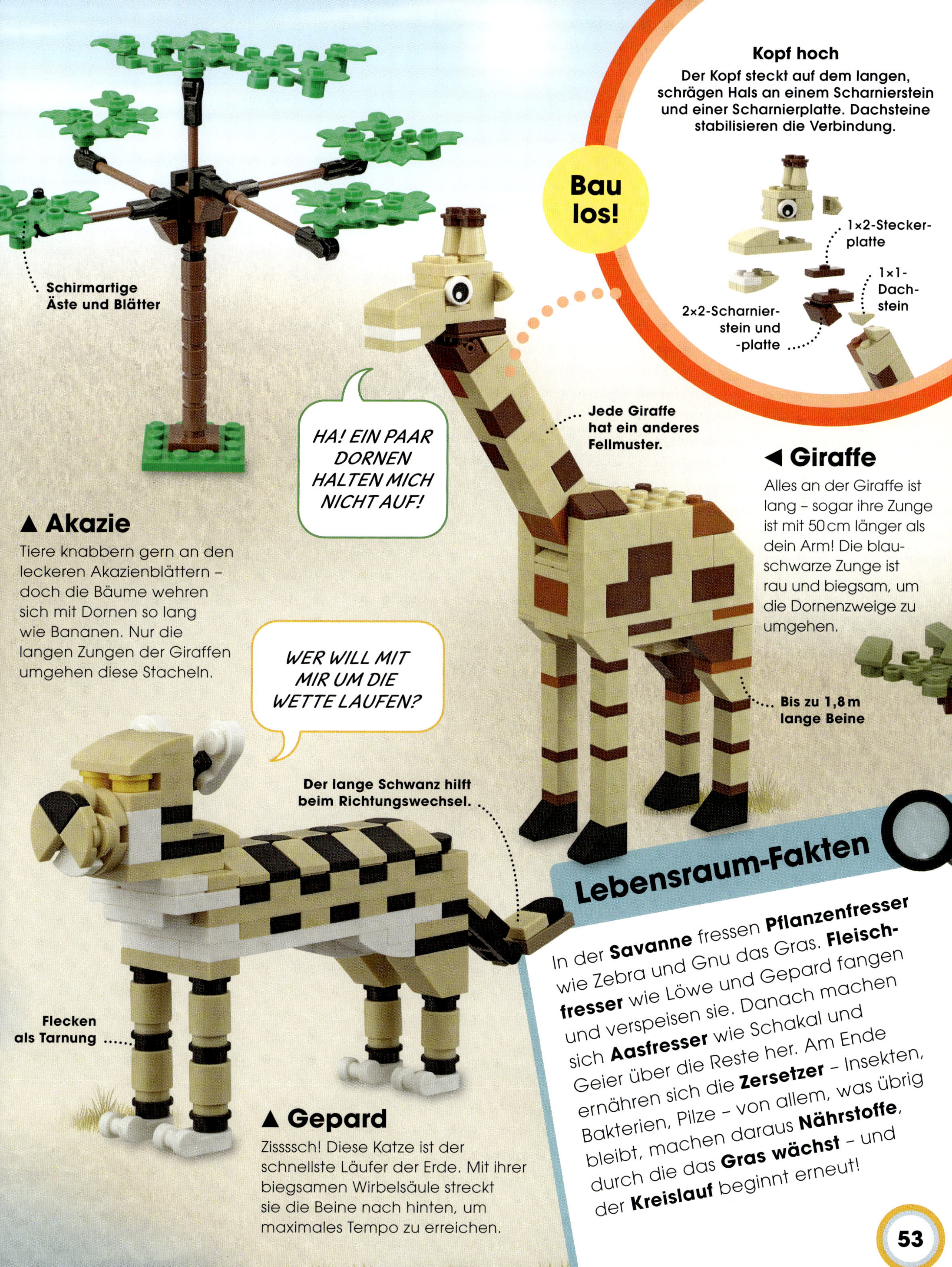


### Kopf hoch

Der Kopf steckt auf dem langen, schrägen Hals an einem Scharnierstein und einer Scharnierplatte. Dachsteine stabilisieren die Verbindung.

## ▲ Akazie

Tiere knabbern gern an den leckeren Akazienblättern – doch die Bäume wehren sich mit Dornen so lang wie Bananen. Nur die langen Zungen der Giraffen umgehen diese Stacheln.

## ◀ Giraffe

Alles an der Giraffe ist lang – sogar ihre Zunge ist mit 50 cm länger als dein Arm! Die blauschwarze Zunge ist rau und biegsam, um die Dornenzweige zu umgehen.

## ▲ Gepard

Zissssch! Diese Katze ist der schnellste Läufer der Erde. Mit ihrer biegsamen Wirbelsäule streckt sie die Beine nach hinten, um maximales Tempo zu erreichen.

## Lebensraum-Fakten

In der **Savanne** fressen **Pflanzenfresser** wie Zebra und Gnu das Gras. **Fleischfresser** wie Löwe und Gepard fangen und verspeisen sie. Danach machen sich **Aasfresser** wie Schakal und Geier über die Reste her. Am Ende ernähren sich die **Zersetzer** – Insekten, Bakterien, Pilze – von allem, was übrig bleibt, machen daraus **Nährstoffe**, durch die das **Gras wächst** – und der **Kreislauf** beginnt erneut!

# Unterirdische Baue

**Für kleine Savannenbewohner ist das Leben über der Erde gefährlich, darum ziehen viele den Untergrund vor. Ein Bau bietet Schutz vor der heißen Sonne und kühlen Nächten sowie ein Versteck vor hungrigen Raubtieren und leckere Insekten!**

## Erdmännchen ▼

Erdmännchen leben in großen Höhlen, ihrem Bau. Sie stellen sich auf die Hinterbeine, um Gefahren zu sehen und sich in der Sonne zu wärmen, wenn sie unter der Erde hervorkommen.

## ◄ Springhase

Dieser kleine Nager springt wie ein winziges Känguru! Geht er in seinen Bau, tritt er Erde los, um den Eingang zu schließen und neugierige Nachbarn fernzuhalten.

**Bau los!**

**Hergehört!**

**Durch eine runde 1×1-Platte zwischen Ohr und Kopf kann man das Ohr in unterschiedlichen Winkeln anstellen.**

## Erdferkel ▼

Dieses seltsame Tier ist perfekt zur Insektenjagd angepasst. Es erschnüffelt ein Nest, gräbt es mit starken Klauen aus, dann schlabbert es die Insekten mit der langen Klebzunge auf.

*ICH GRABE SCHNELLER LÖCHER ALS JEDER ANDERE HIER!*

**Die Ohren klappen beim Graben nach hinten.**

**Nase und Maul am Ende der Schnauze**

## Lebensraum-Fakten

In allen möglichen Lebensräumen leben Tiere **unterirdisch** – Spinnen, Schildkröten, Salamander und noch mehr! Eisbärinnen graben einen **Bau** im **Schnee**, um Junge zu bekommen. Spürt ein **Wombat** Gefahr, flieht er mit dem Kopf voran in seinen Bau und blockiert den **Eingang** mit seinem zähen Hintern!

## ◀ Termite

Diese Insekten mischen Erde mit Speichel und Kot, um Hügel zu bauen – manchmal so groß wie drei Erwachsene! Die Hügel schützen die Termiten darin vor der glühenden Sonne.

**Langer Segmentkörper**

## ▼ Hohes Gras

Auf dem Boden bietet hohes Gras Vögeln und anderen Tieren Schutz, doch dort lauern auch Raubtiere.

**Wird bis zu 3 m hoch**

**Bau los!**

**Gebogener 2×2-Dachstein**

**Roboterarm-Element**

### Roboterarbeit

LEGO® Elemente, die sonst für Roboter und Mechanik dienen, werden hier Insektenbeine und Greifer.

# Blumenwiese

Wiesen sind Felder voller wilder Blumen, Gräser und Kräuter. Eine ganze Menge Tierarten nisten und brüten hier und bestäuben die Pflanzen. Viele Pflanzen und Tiere, die hier leben, können nirgends sonst überleben.

Der Blütenstand besteht aus Tausenden Einzelblüten.

## ◄ Margerite

Die Pflanze ist klein, doch in der Mitte sind unzählige winzige Blüten mit Nektar, was Schmetterlinge und Bienen anzieht.

MEINE FÜHLER TASTEN, RIECHEN UND SCHMECKEN!

Ohren an der Körperseite

Starke Hinterbeine

## ◄ Grashüpfer

Dieses Insekt hat geniale Beine! Grashüpfer springen mehr als das Zehnfache ihrer Körperlänge und „singen", indem sie ihre Hinterbeine und Flügel reiben.

**Bein-Schritte**

Die Hinterbeine stecken mit einem LEGO Technic Pin am Körper, sodass sie sich vor- und zurückbewegen können.

Bau los!

LEGO® Technic Pin

1×2-Stein mit Loch

1×2-Platte mit Ring

IM WINTER FLATTERE ICH IN WARME GEBIETE!

Orange-rote Flügel

## Admiral ▲

Dieser große, schöne Schmetterling legt Eier auf Brennnesseln – darum ist es wahrscheinlicher, dass sie schlüpfen, bevor hungrige Tiere sie verspeisen!

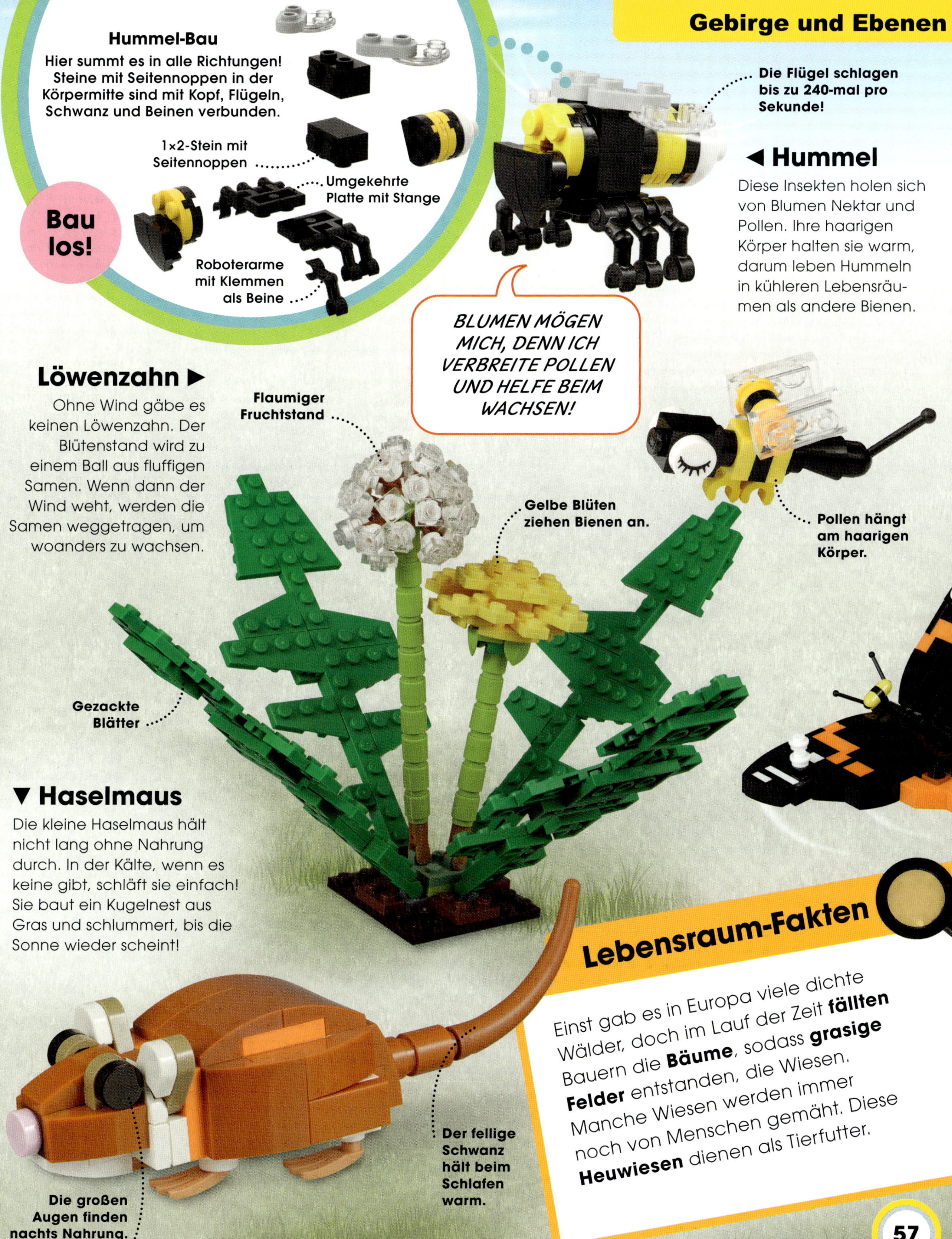


## ◄ Hummel

Diese Insekten holen sich von Blumen Nektar und Pollen. Ihre haarigen Körper halten sie warm, darum leben Hummeln in kühleren Lebensräumen als andere Bienen.

## Löwenzahn ►

Ohne Wind gäbe es keinen Löwenzahn. Der Blütenstand wird zu einem Ball aus fluffigen Samen. Wenn dann der Wind weht, werden die Samen weggetragen, um woanders zu wachsen.

## ▼ Haselmaus

Die kleine Haselmaus hält nicht lang ohne Nahrung durch. In der Kälte, wenn es keine gibt, schläft sie einfach! Sie baut ein Kugelnest aus Gras und schlummert, bis die Sonne wieder scheint!

## Lebensraum-Fakten

Einst gab es in Europa viele dichte Wälder, doch im Lauf der Zeit **fällten** Bauern die **Bäume**, sodass **grasige Felder** entstanden, die Wiesen. Manche Wiesen werden immer noch von Menschen gemäht. Diese **Heuwiesen** dienen als Tierfutter.

# In der Wüste

Im Südwesten der USA ist es sengend heiß und unfassbar trocken – mancherorts fallen nur 6 cm Regen pro Jahr, nicht mal ein Glas voll! Alle Lebewesen brauchen Wasser, darum haben Pflanzen und Tiere gelernt, wie sie das verfügbare Wasser am besten nutzen.

Stacheln verhindern, dass Tiere den Stamm annagen.

ICH LAUFE SO SCHNELL WIE EIN OLYMPISCHER SPRINTER!

## ▲ Riesenkaktus

Der größte Kaktus Nordamerikas hat einen schwammartigen Stamm, der bei Regen Wasser speichert. Ein frisch versorgter Kaktus steht ein Jahr ohne weiteren Regen durch!

## Großer Rennkuckuck ▶

Dieser Vogel kann fliegen, läuft aber lieber hinter Echsen und Schlangen her. Nach einer kalten Nacht plustert er die Federn auf und sonnt die dunkle Haut auf seinem Rücken.

Der Schnabel pickt nach Beute.

Lange Zehen zum Rennen

Fester Panzer

ES WAR UNTER DER ERDE TOLL KÜHL!

Minifiguren-Halsspange

Stein mit zwei Seitennoppen

Bau los!

### Noppen überall

Mit einer Minifiguren-Halsspange bringt man Seitennoppen an einen Stein ohne solche an, oder wenn du noch mehr brauchst.

Flache Beine zum Graben

## ▲ Gopherschildkröte

Am wichtigsten für diese Schildkröte ist es, kühl zu bleiben. Sie kommt nur bei Dämmerung aus ihrem unterirdischen Bau, wenn die Hitze nachlässt.

## Josuabaum ▶

Auf Spanisch heißt der Josuabaum „Wüstendolch" wegen seiner langen, spitzen Blätter. Sie speichern Wasser und haben eine Wachsschicht, die die Feuchtigkeit darin hält.

**Dünne Wachsblätter trocknen nicht aus.**

**Fächerwurzeln saugen Regenwasser auf.**

## Lebensraum-Fakten

Hast du schon vom **Winterschlaf** gehört, bei dem Tiere die **kalte Jahreszeit** einfach verschlafen? Genau das **Gegenteil** passiert in der Wüste! Tiere wie das Ziesel verschlafen den heißesten Teil des **Sommers**, wenn nichts wächst und es keine Nahrung gibt. Dieses Verhalten nennt man **Sommerschlaf**.

*HEY, SCHILDKRÖTE, IST IN DEINEM BAU NOCH PLATZ?*

**Langer Schwanz zum Klettern**

## ◀ Rundschwanzziesel

Wenn diesem kleinen Nager nicht danach ist, selbst einen Bau zu graben, nutzt er stattdessen alte Schildkrötenbehausungen. Vor der Sonne flieht er aus dem heißen Sand in einen Busch.

*ICH GRABE EINEN BAU MIT MEINEN SPATEN-FÜSSEN.*

**Starke Hinterbeine zum Graben**

**Warzenbedeckte Haut**

### Krötenbein

**Bring das Bein der Kröten angewinkelt an, mit Scharnierplatten an der Unterseite. Bau den Körper und die Beine getrennt aus Platten und gebogenen Dachsteinen.**

**Gebogener 1×2-Dachstein**

**Scharnierplatten**

**Umgekehrter gebogener 1×2-Dachstein**

**Bau los!**

## ▲ Südlicher Schaufelfuß

Der Schaufelfuß verbringt die meiste Zeit unterirdisch. Sobald es regnet, legt er Eier. Die Kaulquappen müssen schlüpfen und zu Kröten werden, bevor das Wasser trocknet – in weniger als zwei Wochen!

# Wüste bei Nacht

In der Sahara stellen wir uns meist glühende Sonne und heißen Sand vor. Aber bei Nacht können die Temperaturen weit unter den Gefrierpunkt fallen. Wüstenbewohner müssen mit Hitze und Kälte fertig werden, was gar nicht mal so leicht ist!

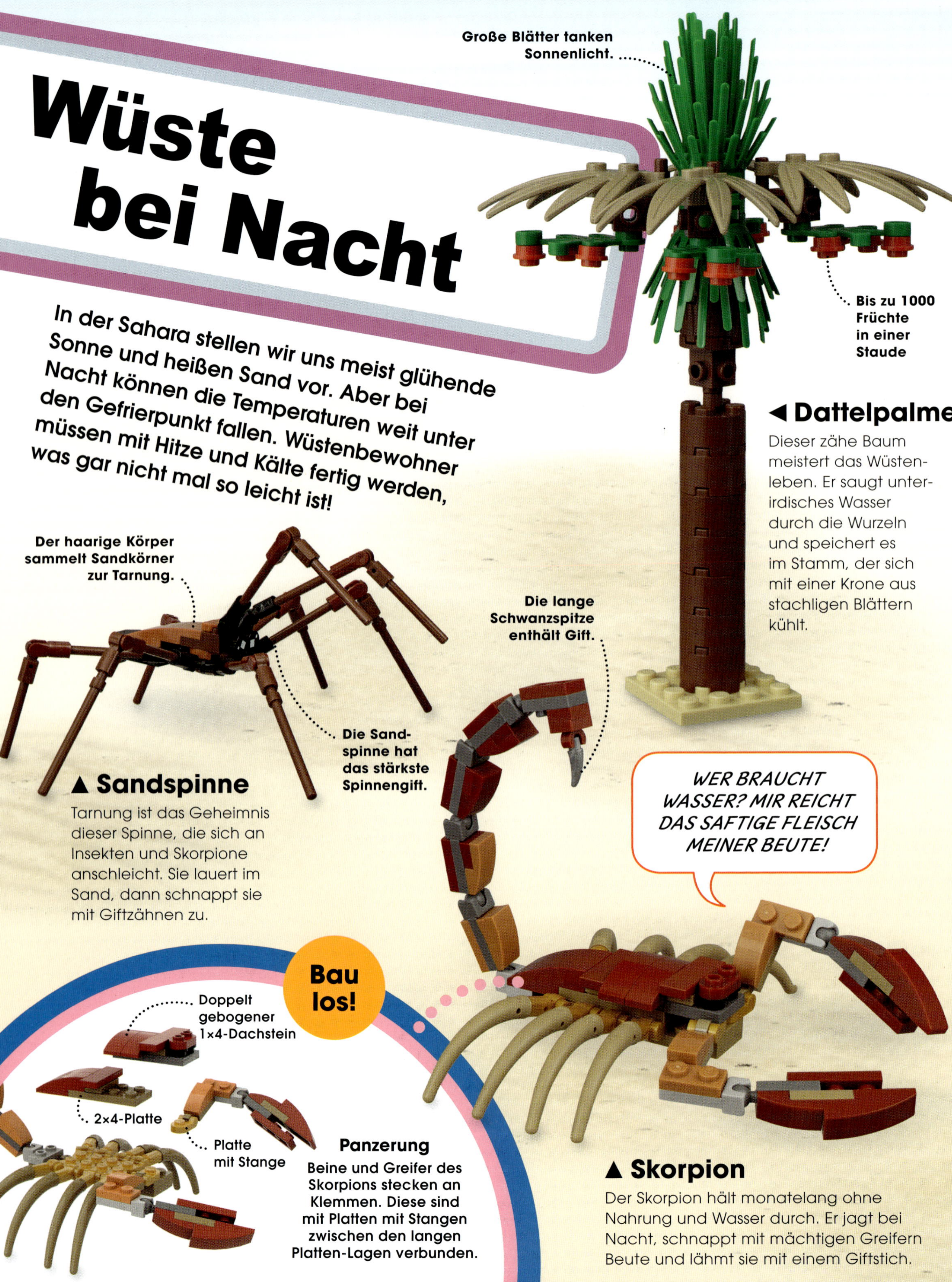


## ◀ Dattelpalme

Dieser zähe Baum meistert das Wüstenleben. Er saugt unterirdisches Wasser durch die Wurzeln und speichert es im Stamm, der sich mit einer Krone aus stachligen Blättern kühlt.

## ▲ Sandspinne

Tarnung ist das Geheimnis dieser Spinne, die sich an Insekten und Skorpione anschleicht. Sie lauert im Sand, dann schnappt sie mit Giftzähnen zu.

### Panzerung

Beine und Greifer des Skorpions stecken an Klemmen. Diese sind mit Platten mit Stangen zwischen den langen Platten-Lagen verbunden.

## ▲ Skorpion

Der Skorpion hält monatelang ohne Nahrung und Wasser durch. Er jagt bei Nacht, schnappt mit mächtigen Greifern Beute und lähmt sie mit einem Giftstich.

## ◀ Oase

Eine Oase ist ein Ort in der Wüste, wo Wasser aus dem Boden sprudelt. Menschen können Tiere halten oder Pflanzen anbauen, die sonst nicht überleben würden, wie dieser Olivenbaum.

Olivenbäume haben oft krumme Stämme.

DIESE EXTRA-GROSSEN OHREN LAUSCHEN IM SAND NACH MÄUSEN!

## Bau los!

**Flache Ohren**

Die flachen, großen Ohren stecken mit Platten mit Klemmen am Kopf. Kleine Platten mit Stangen sind in die Ohren eingebaut.

Platte mit Stange

Platte mit Klemme

## Wüsten-springmaus ▼

Sie sieht aus wie das kleinste Känguru der Welt, aber eigentlich ist sie eine Art Ratte! Um Raubtiere zu verwirren, springt die Wüstenspringmaus im Zickzack über den Sand.

15-cm-Ohren

Sandfarbener Pelz zur Tarnung

Starke Hinterbeine für 3-Meter-Sprünge

ICH BIN EIGENTLICH EINE RATTE!

## ▲ Wüstenfuchs

Bei Tag geben die großen Ohren jede Menge Körperwärme ab, um den Fuchs zu kühlen. Und bei Nacht dient der buschige Schwanz als kuschliger Schal.

## Hornviper ▼

Diese Giftschlange gleitet in einer „S"-Form seitwärts über den Sand. Dadurch berührt weniger vom Körper der Schlange den sengend heißen Sand.

Hörner aus aufrechten Schuppen, die Sand aus den Augen halten.

## Lebensraum-Fakten

Wenn es **dunkel** wird, ist es Zeit fürs **Abendessen**! Auf dem Wüstenboden ist nachts oft mehr los als bei Tage, wenn viele Tiere vor der Hitze **fliehen**. Bei Dunkelheit kriechen kleine Nagetiere aus ihrem **Bau** und suchen nach Samen und Insekten. Sie müssen auf **Gefahren** achten, denn Raubtiere wie Füchse, Eulen und Schlangen sind auch **hellwach** und hungrig!

# Das sind die Baumeister

Die Modelle in diesem Buch hat ein Baumeister-Team entworfen, das begeistert mit LEGO® Steinen und Elementen Pflanzen und Tiere erschafft! Wir haben sie gebeten, ihre Gedanken zum Bauen von LEGO Modellen vorzustellen.

## Jason Briscoe

**Was war dein Lieblingstier für dieses Buch?**
Obwohl der Eisbär nur ein kleines Modell ist, sieht er sehr nett aus. Es war eines der Modelle, die gleich beim ersten Mal ohne viel Nacharbeit passten. Ich glaube, weil so wenige Noppen sichtbar sind, sieht er auch hübscher aus. Die Möwe (Seite 23) macht den zweiten Platz.

**Was ist im echten Leben dein Lieblingstier?**
Derzeit muss ich wohl Enten sagen. Ich habe zwei weiße Enten namens Doodle und Buddy, die sind echt witzige Haustiere.

**Was ist der nützlichste Stein deiner Sammlung?**
Eine echt schwere Frage, denn jedes Jahr kommen neue coole Elemente heraus! Doch der neue vielseitige 1×2×2-Stein ohne Noppen oben ist richtig praktisch. Er steckt oft im Inneren meiner Modelle, damit ich an vier seiner sechs Seiten anbauen kann.

**Was baust du sonst noch gern?**
Wie Benny aus THE LEGO® MOVIE™ mag ich Raumschiffe. RAUMSCHIFFE! Ich baue ständig neue.

**Was ist das Herausforderndste, was du je gebaut hast?**
Wenig überraschend, eine riesige Mondbasis und ein Raumhafen für Raumschiffe.

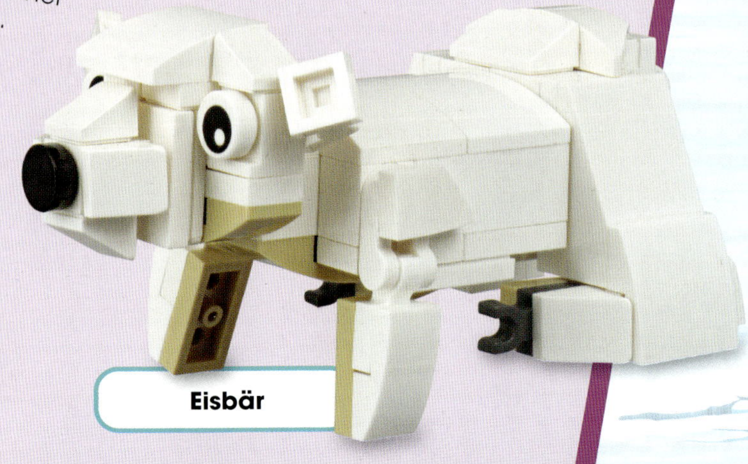

Eisbär

# Nate Dias

**Was war dein Lieblingstier für dieses Buch?**
Das ist eine wirklich schwere Wahl, aber mein Liebling ist wohl die Haselmaus. Sie ist so niedlich! Für ein kleines Modell hat sie eine Menge Persönlichkeit im süßen Gesicht. Es ist auch mein einziges Modell, bei dem keine Noppen sichtbar sind. Ihr Fell wirkt glatt.

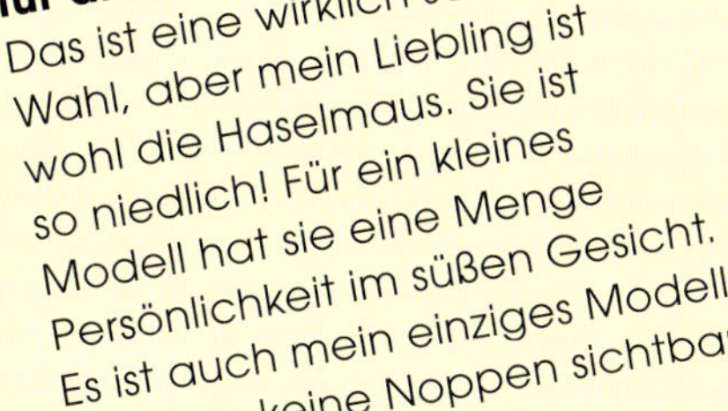

Haselmaus

**Was ist im echten Leben dein Lieblingstier?**
Ich muss wohl Maulwurf sagen. Ich liebe sie schon seit der Grundschule. Es ist toll, wie stark sie für ihre Größe sind, und es gibt so viele davon um uns herum, obwohl wir kaum je einen sehen. Wie kleine Garten-Ninja!

**Was ist der nützlichste Stein deiner Sammlung?**
Für dieses Buch war es der gebogene 1×2-Dachstein. Damit kann man hübsche organische Formen erzeugen, das hilft, wenn man Pflanzen und Tiere aus Plastiksteinen baut!

**Was baust du sonst noch gern?**
Dinge aus dem echten Leben. Ich baue gern Alltagskram aus LEGO Steinen und verstecke ihn völlig offen. Kürzlich durfte ich exotische Pflanzen machen, und sie wurden in einem Gewächshaus des Königlichen Gartenbauvereins ausgestellt.

**Was ist das Herausforderndste, was du je gebaut hast?**
Ein 2×2 Meter großes Modell eines Mannes, der am Schreibtisch mit seinem inneren Kind sitzt (das geflohen ist und glücklich spielt). Damit habe ich zusammen mit meinem Freund Steve die erste Staffel der LEGO MASTERS TV-Show gewonnen.

# Jessica Farrell

**Was war dein Lieblingstier für dieses Buch?**
Der Rothirsch hat am meisten Spaß gemacht. Ich habe die Farbmischung gesucht und den anmutigen Körper entworfen, der stark und zierlich wirkt, genau wie in echt.

**Was ist im echten Leben dein Lieblingstier?**
Ziegen! Sie sind süß, nett und verspielt! Ich bewundere, wie beweglich und zäh sie sind.

**Was ist der nützlichste Stein deiner Sammlung?**
Die Steckerplatte. Sie ermöglicht Details, indem man Elemente um einen halben Stein versetzt. Ich habe mal ein Modell mit 7000 Steckerplatten gebaut!

**Was baust du sonst noch gern?**
Alles! Ich versuche, immer etwas Neues auszuprobieren, damit ich immer lerne und mich neu fordere.

**Was ist das Herausforderndste, was du je gebaut hast?**
Ein fünfstöckiges Kaufhaus. Es war 2,7 m lang und brauchte 105 282 Elemente und ein Jahr zur Vollendung!

Rothirsch

# Nützliche Steine

**Kein LEGO® Stein ist unnütz, und für Tier- und Pflanzen-Modelle sind manche besonders praktisch. Keine Sorge, falls du nicht alle Teile hast. Lass deiner Kreativität freien Lauf mit dem, was du hast!**

## Grundbausteine

**Steine**, die Basis von LEGO® Modellen, gibt es in allen Formen und Größen, und danach sind sie benannt.

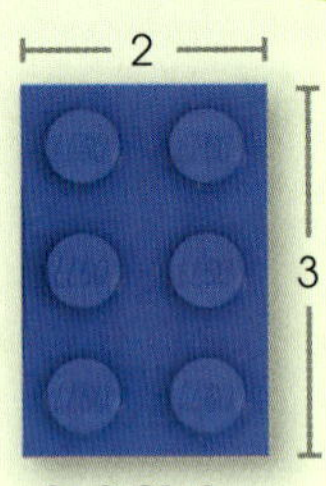


**2×3-Stein von oben**

**2×3-Stein von der Seite**



**Platten** sind wie Steine, nur flacher. Drei Platten aufeinander sind so hoch wie ein Standardstein.

**1×2-Platte**

**3 1×2-Platten** **1×2-Stein**

**Kacheln** sind Platten ohne Noppen. Sie sind also glatt und damit ideal für realistische Modelle.

**2×2-Kachel**

**Runde 2×2-Kachel**

**1×6-Kachel**

**Dachsteine** sind abgeschrägte Steine. Sie können groß, klein, gerundet oder umgekehrt sein.

**1×2-Dachstein**

**Umgekehrter 1×2-Dachstein**

**Gebogener 1×3-Dachstein**

## Coole Verbindungen

Mit **Steckerplatten** lässt sich das LEGO Muster überspringen. Darauf kannst du Fahnen oder Verzierungen mittig anbringen.

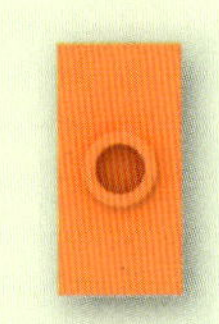

**1×2-Steckerplatte**

**Platten mit Gelenkkugeln** und Platten mit Gelenkpfannen ergeben biegsame Verbindungen für Flügel oder Beine.

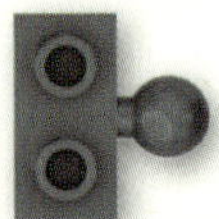

**1×2-Platte mit Gelenkkugel**

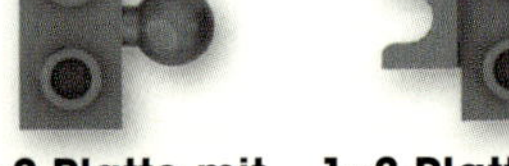

**1×2-Platte mit Gelenkpfanne**

**Scharnierplatten** bewegen deine Modelle hin und her. **Scharniersteine** neigen Dinge nach oben und unten.

**Scharnierplatte**

**1×2-Scharnierstein mit 2×2-Scharnierplatte**

Es gibt verschiedene Arten von **Steinen mit Seitennoppen**. Daran kannst du nach oben und seitwärts bauen.

**1×1-Stein mit zwei Seitennoppen**

**1×2/2×2-Winkelplatte**

Elemente mit **Stange** passen an Steine mit **Klemme**. Daraus werden bewegliche oder angewinkelte Teile.

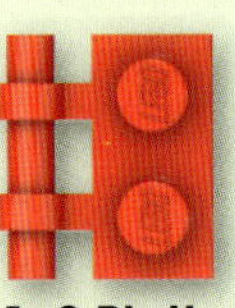

**1×2-Platte mit Stange**

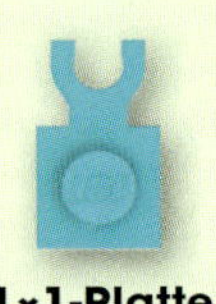

**1×1-Platte mit Klemme**

**LEGO® Technic Elemente** erweitern die Funktionen deiner Modelle.

**LEGO Technic Liftarm**

**LEGO Technic Pin mit Reibung**

Ohren
Gebogene 1×2-Platte
Schnäbel
Einhorn-Horn
Füße
Gebogener 1×2-Dachstein
Flossen und Schwänze
Schräge 3×2-Platte
Doppelt gebogener 4×1-Dachstein
Fühler
Peitschen-Element
Insektenbeine
Dinosaurier-Schwanzteil
Bäume und Pflanzen
1×5×4-Bogenstein
Palmenblatt-Element

# Bau-grundlagen

**Vom kleinsten Insekt bis zum größten Säugetier sind Tiere kleinteilig und komplex – und sehen anfangs vielleicht so aus, als wären sie schwer aus LEGO® Steinen zu bauen! Diese Ideen bieten dir einen Einstieg in den Bau deines Lieblingstiers.**

## Fische

Der Körper dieses Tropenfisches nutzt eine täuschend einfache Methode – einen Stapel aus Platten! 1×1-Steine mit Seitennoppen ändern die Richtung des Modells, indem sie Platz für die Augen und Flossen an den Seiten, am Rücken und am Bauch bieten.

**Gestreifter Körper aus gestapelten Platten**

**1×1-Stein mit Seitennoppe**

**1×1-Stein mit Seitennoppe**

**Flosse aus gebogenem 1×2-Dachstein**

**Engelfisch**

**Bau-Tipp!**

**Ordne deine Steine**

**Spar Zeit, indem du deine Steine in Farben und Typen sortierst, bevor du loslegst.**

## Vögel

Siehst du Fotos von Vögeln an, bist du vielleicht überrascht, wie klein ihre Köpfe sind! Ein 1×1-Stein mit vier Seitennoppen ist perfekt. Damit lässt sich das Modell auch gut beginnen. Stecke Schnabel, Augen und Federbüschel an die fünf Noppen, und du bist auf einem guten Weg!

**1×1-Stein mit vier Seitennoppen**

**Großes Horn-Element**

**Augen auf Seitennoppen**

**Doppelt gebogener 1×4-Dachstein als Flügel**

**Dachsteine und gebogene Dachsteine für die Rundung**

**Rotschnabeltoko**

**Einfache Basis für den Vogel**

**Bau-Tipp!**

**Sei kreativ**

**Hast du das perfekte Teil nicht, finde eine kreative Lösung! Suche ein anderes Teil, das einen ähnlichen Effekt hat.**

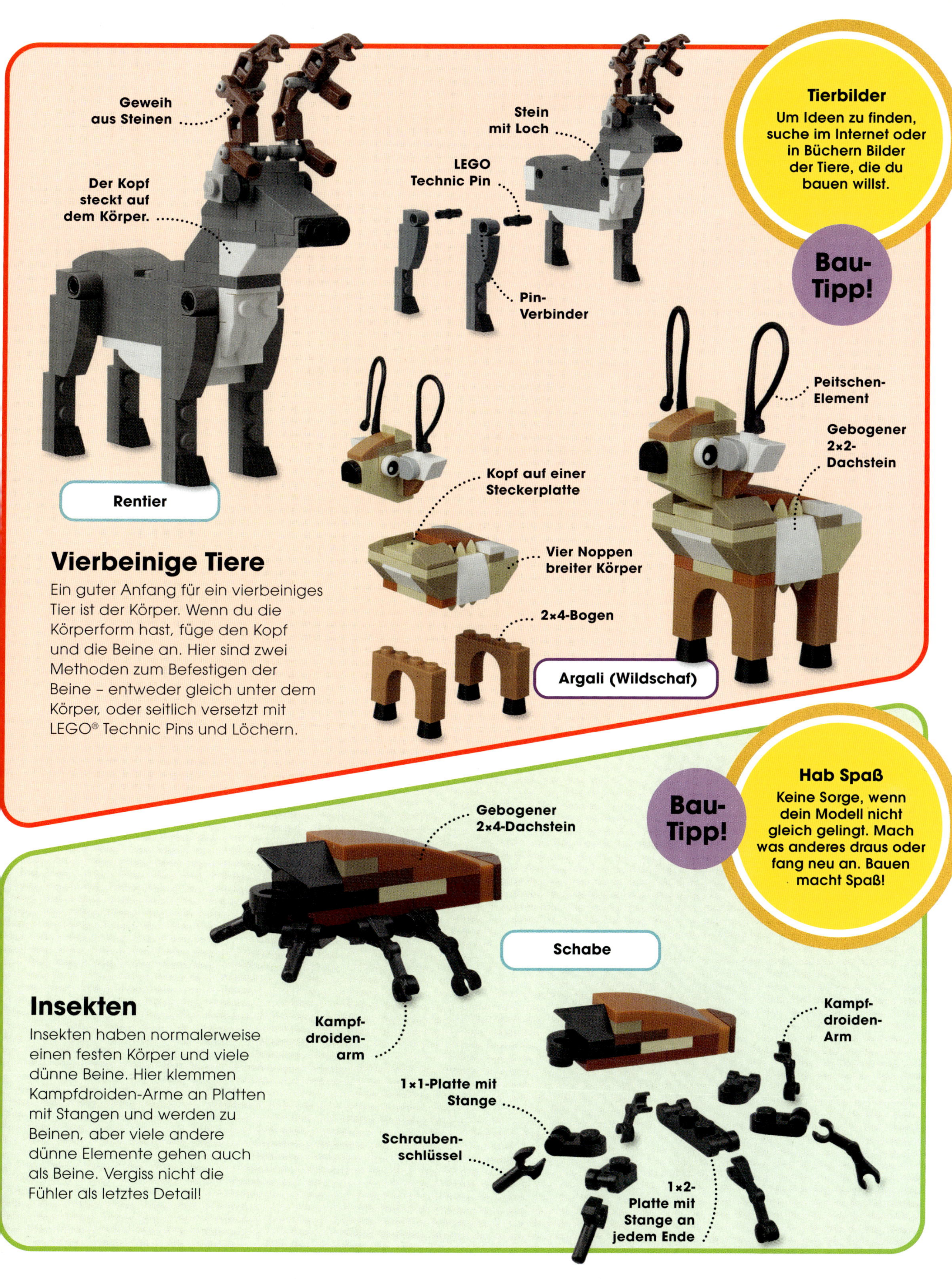


**Bau-Tipp!**

**Tierbilder**

Um Ideen zu finden, suche im Internet oder in Büchern Bilder der Tiere, die du bauen willst.

## Vierbeinige Tiere

Ein guter Anfang für ein vierbeiniges Tier ist der Körper. Wenn du die Körperform hast, füge den Kopf und die Beine an. Hier sind zwei Methoden zum Befestigen der Beine – entweder gleich unter dem Körper, oder seitlich versetzt mit LEGO® Technic Pins und Löchern.

**Bau-Tipp!**

**Hab Spaß**

Keine Sorge, wenn dein Modell nicht gleich gelingt. Mach was anderes draus oder fang neu an. Bauen macht Spaß!

## Insekten

Insekten haben normalerweise einen festen Körper und viele dünne Beine. Hier klemmen Kampfdroiden-Arme an Platten mit Stangen und werden zu Beinen, aber viele andere dünne Elemente gehen auch als Beine. Vergiss nicht die Fühler als letztes Detail!

# Bau-anleitungen

So baust du den Clownfisch, die Hummel, den Kaktus und die Blume, die diesem Buch beiliegen. Diese Modelle sind der Beginn deiner Sammlung aus Natur-Modellen. Was baust du als Nächstes?

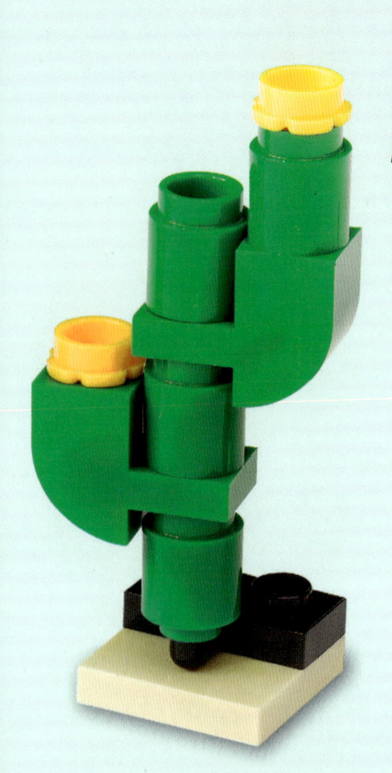

## Clownfisch

1×

1

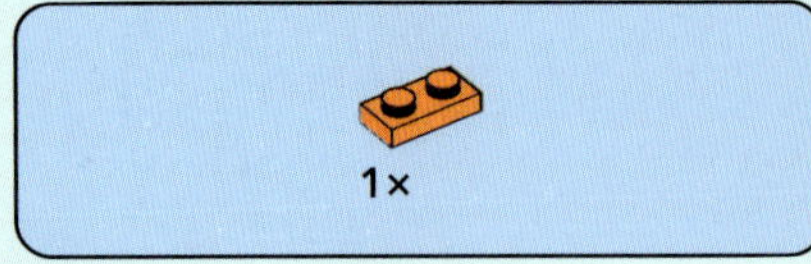

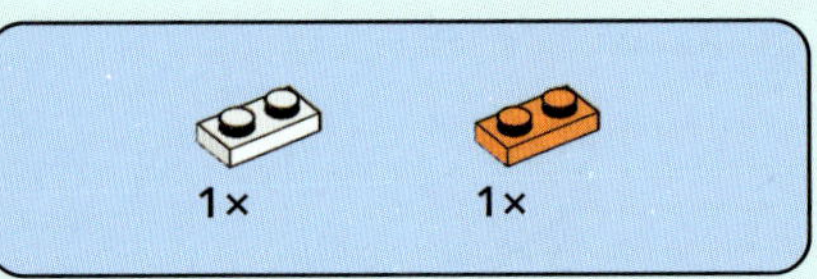

1× 1×

2

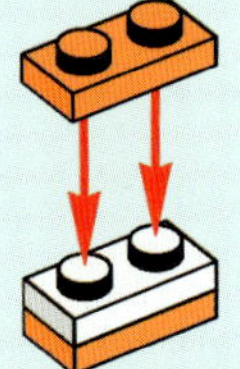

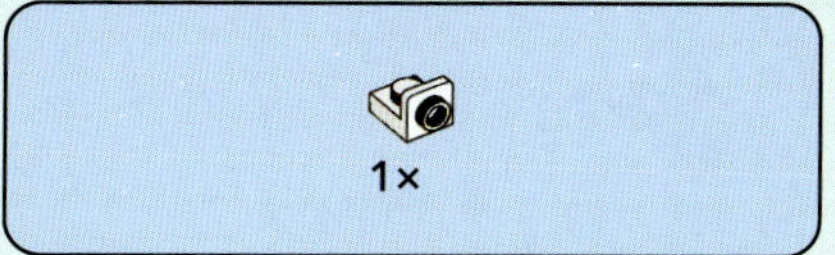


3

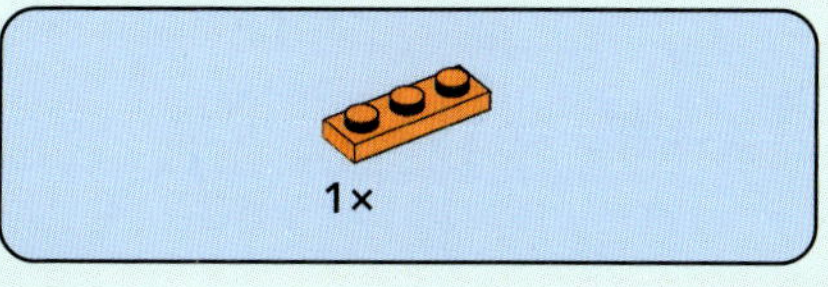


4

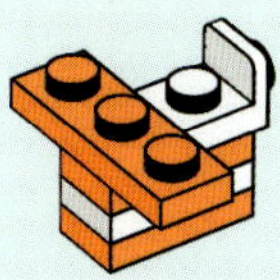

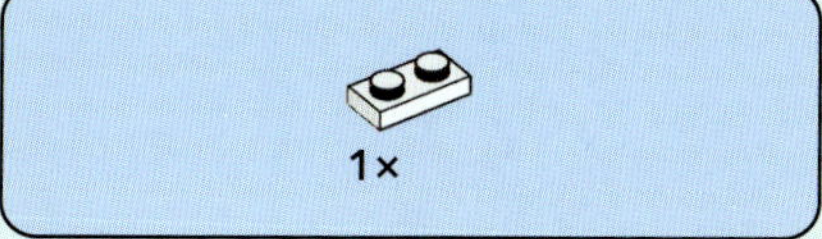


5

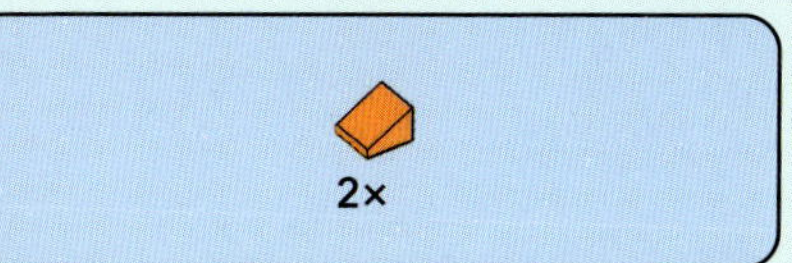


6

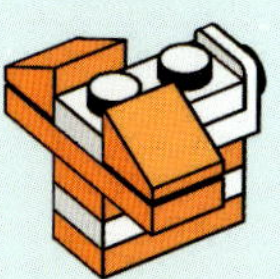

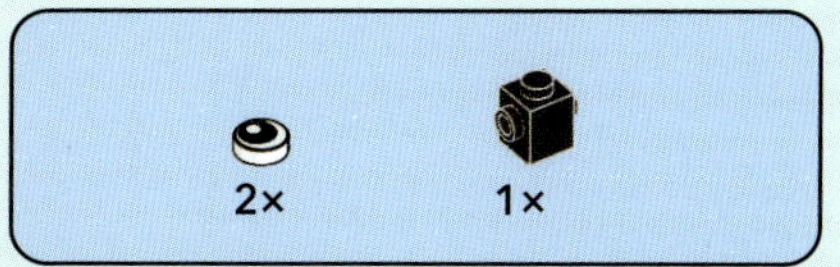


7

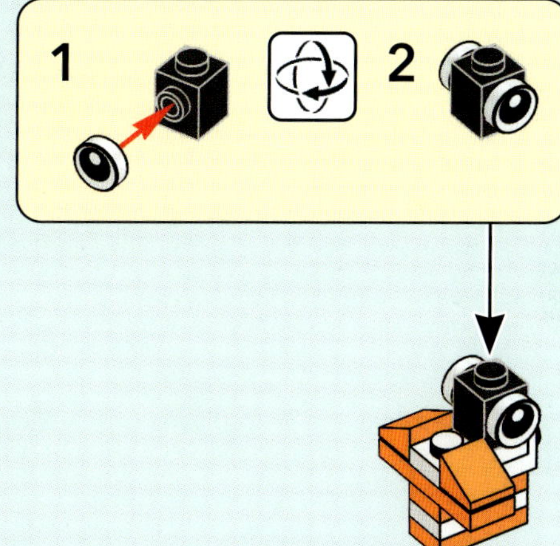


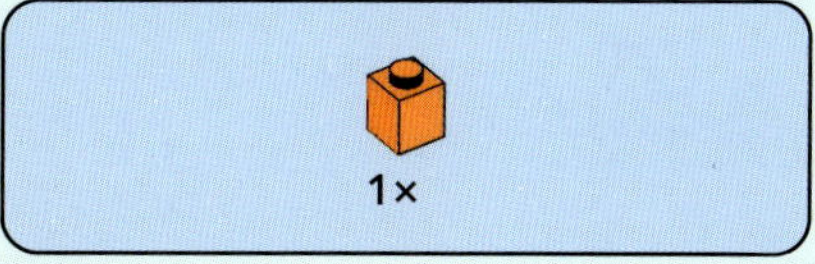


8

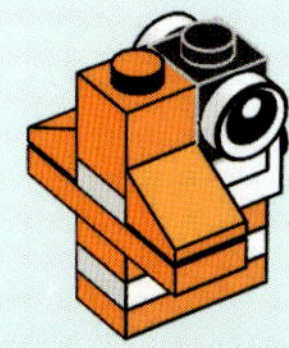

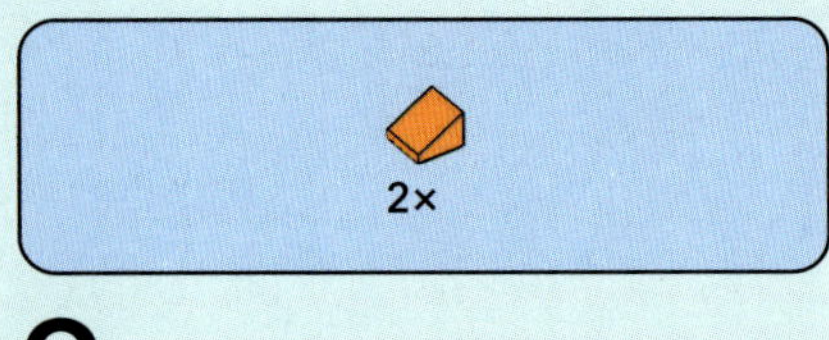


9

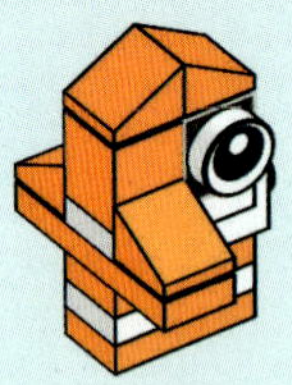

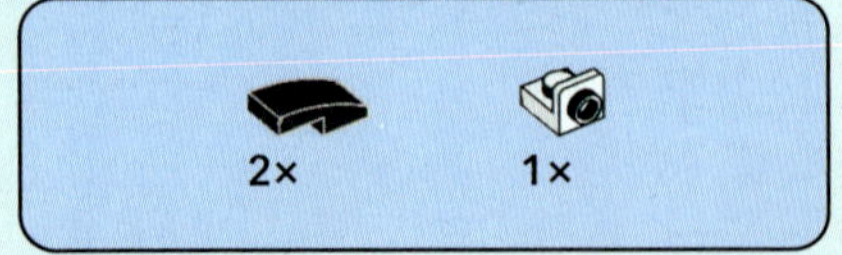


10

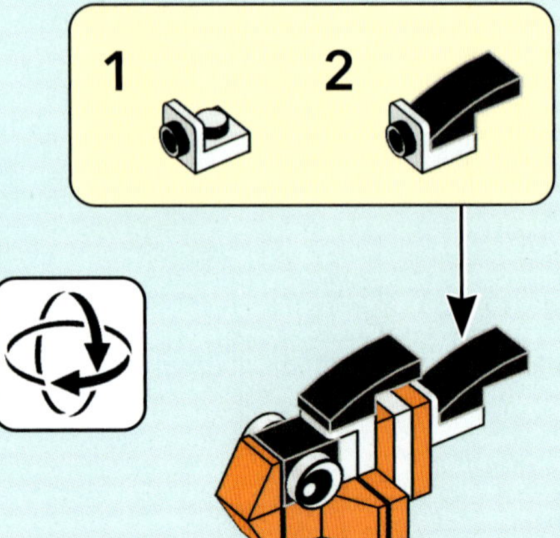


## Hummel

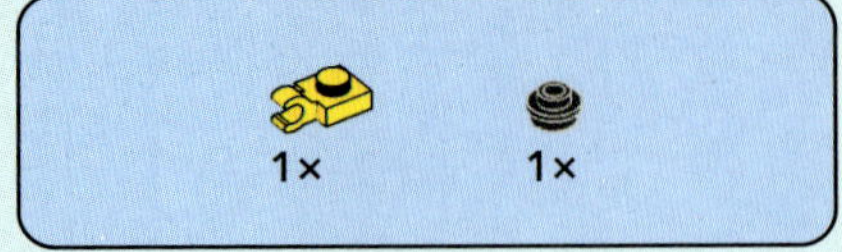


1

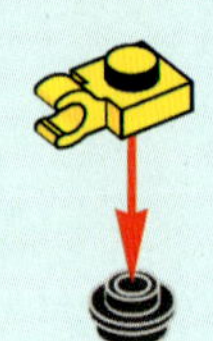

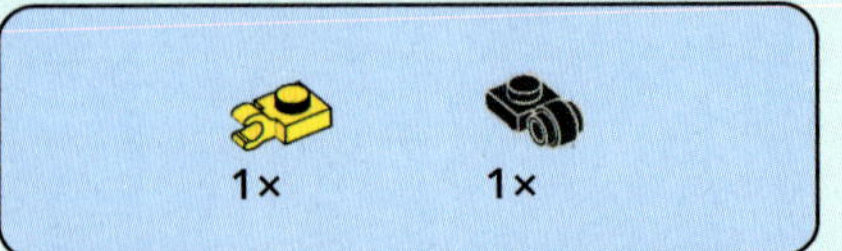


2

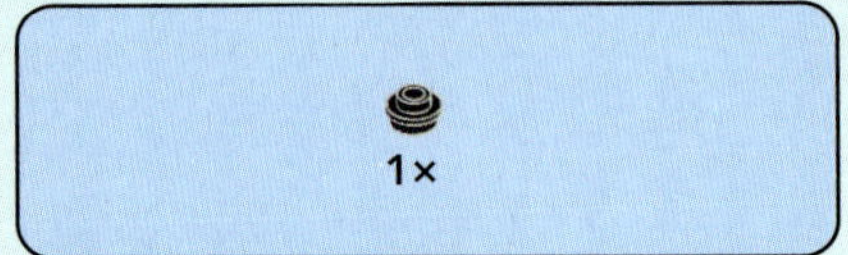


3

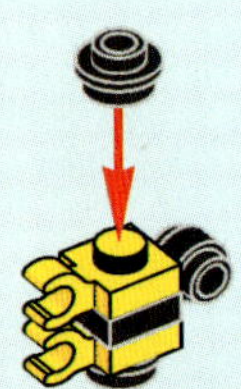

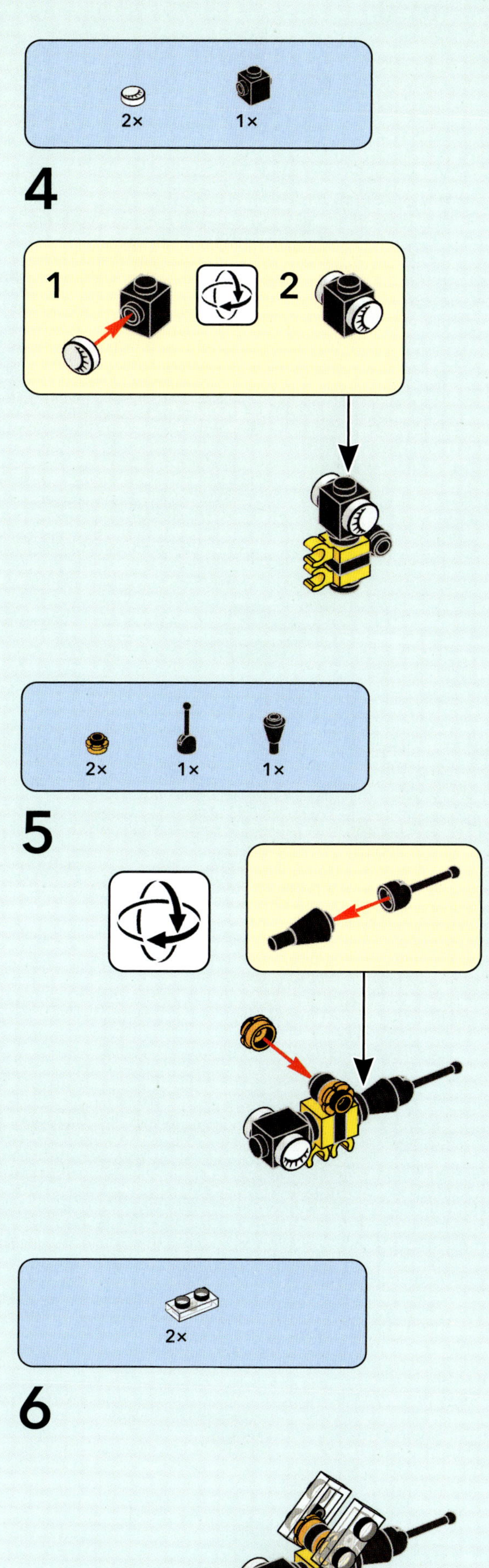


## Kaktus

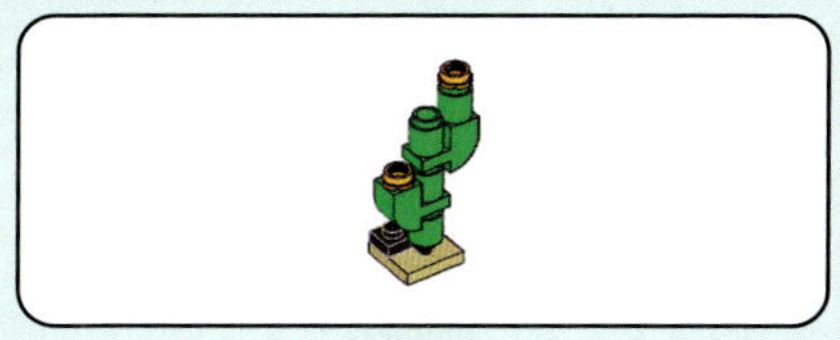

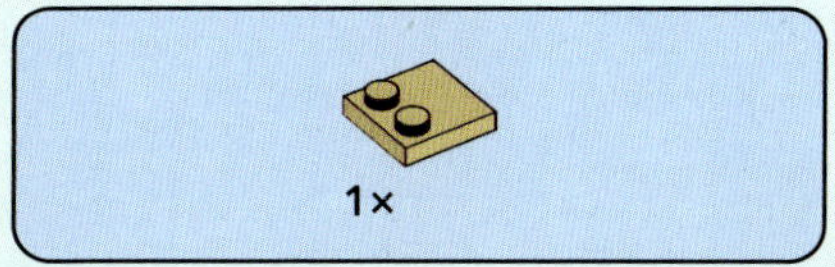


1

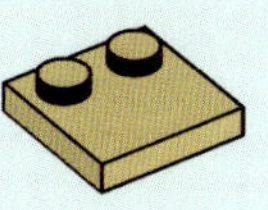

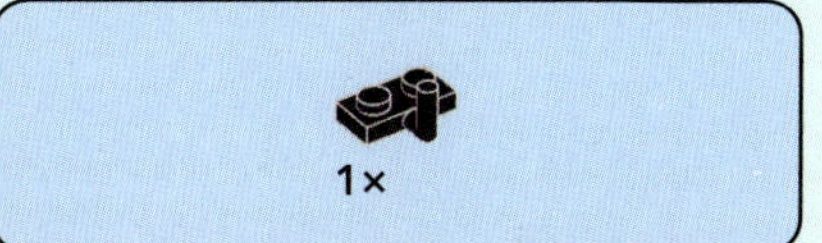


2

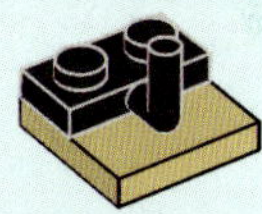

1×

3

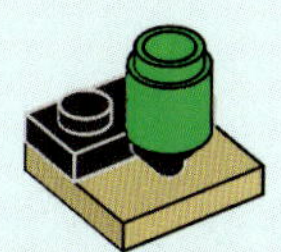

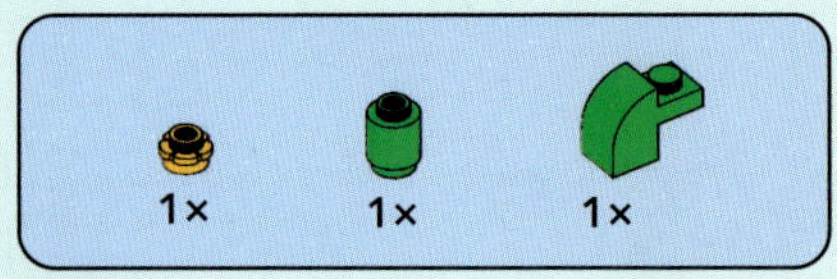


## 4

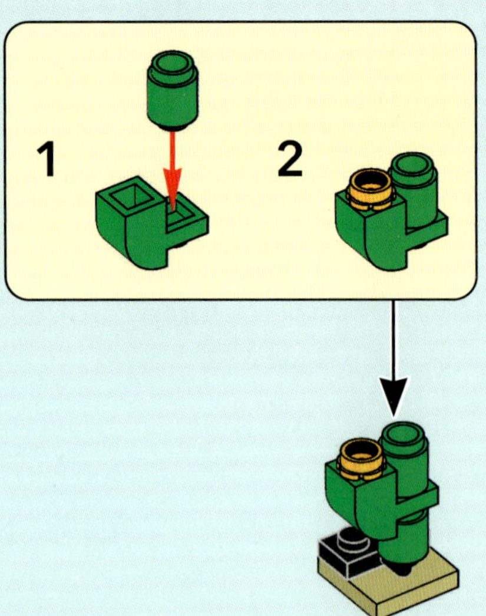


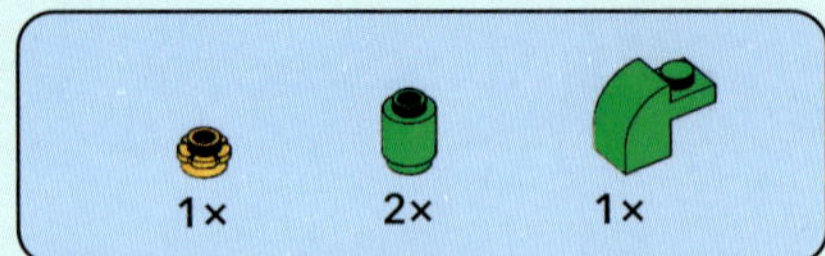


## 5

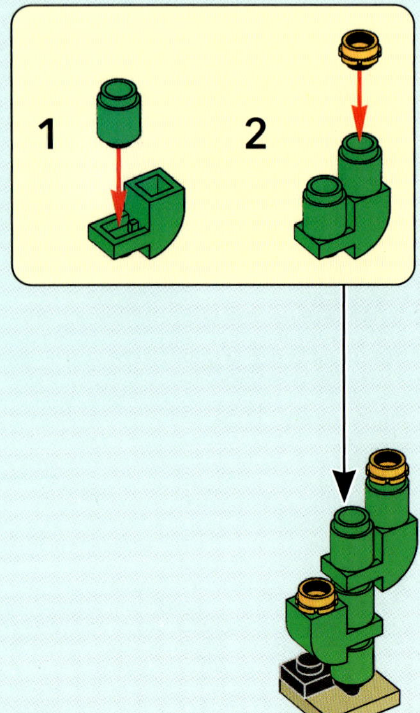


## Blume

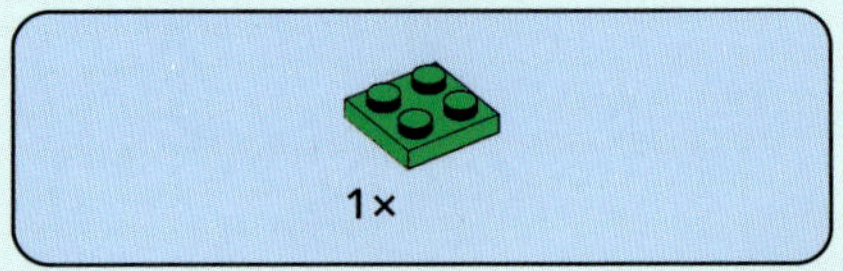


## 1

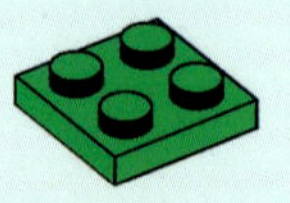

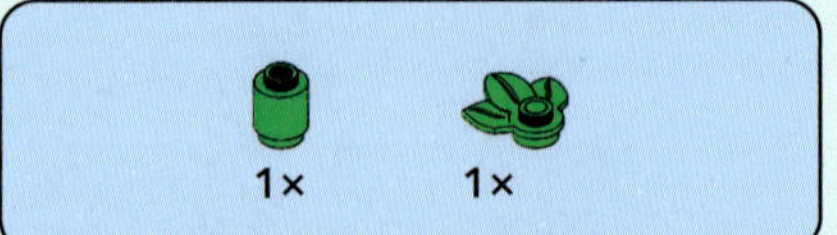


## 2

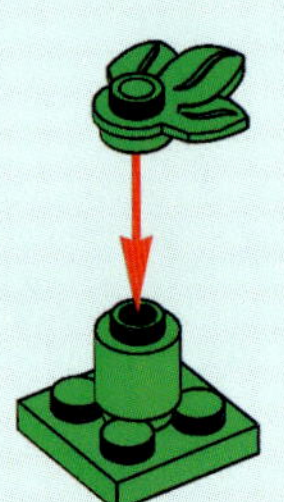

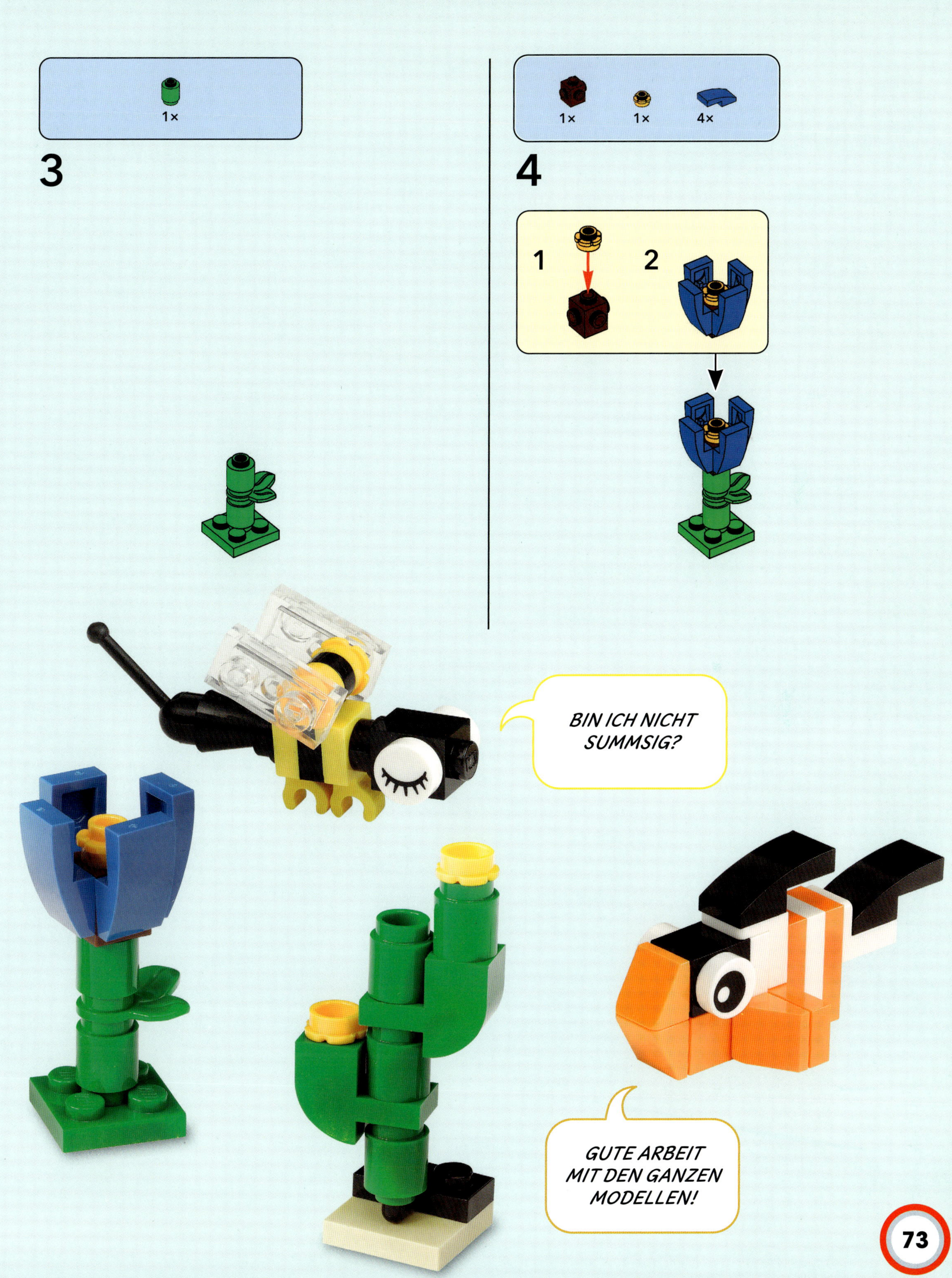
1×
3
1×
1×
4×
4
1
2
BIN ICH NICHT SUMMSIG?
GUTE ARBEIT MIT DEN GANZEN MODELLEN!

# Glossar

Blauhäher

Stalagmiten und Stalaktiten

**Algen**
Einfache Pflanzen, die im Wasser wachsen. Seetang ist eine Alge.

**Amphibien**
Eine Tierfamilie, die mühelos im Wasser und an Land lebt. Frösche und Molche gehören zu den Amphibien.

**Anpassung**
Wie sich Tierarten im Lauf der Zeit verändern, um besser zu überleben. Giraffen haben sich an die Blätter hoher Bäume angepasst, indem sie einen langen Hals bekamen.

**Antennen**
Lange, dünne Fühler auf dem Kopf. Manche Insekten können mit ihren Antennen riechen, tasten und hören.

**Bakterien**
Winzige, einfache Lebewesen. Es gibt sie fast überall auf der Erde, sogar in unseren Körpern!

**Baum**
Eine große Pflanze, die lange lebt. Bäume haben einen zähen Stamm und Äste. Viele Bäume haben Blätter.

**Beutetiere**
Ein Tier, das von anderen gejagt wird. Mäuse sind die Beutetiere von Eulen.

**Blubber**
Eine dicke Fettschicht unter der Haut. Wale und Eisbären haben viel Blubber, um im kalten Meer warm zu bleiben.

**Blüte**
Der Teil einer Pflanze mit Blütenblättern. Blüten sind oft bunt und ziehen Insekten an, die ihre Pollen verbreiten.

**Fische**
Tiere, die nur im Wasser leben. Fische atmen durch Schlitze namens Kiemen und haben Flossen zum Schwimmen. Rochen sind Fische.

**Geweih**
Knochige, verzweigte Hörner von Hirschen. Jedes Jahr fallen sie ab und wachsen neu.

**Gift**
Ein Stoff, den Tiere herstellen, um zu beißen oder stechen, Beute zu fangen oder sich zu verteidigen.

**Gräser**
Pflanzen mit langen, dünnen Blättern an runden Stielen. Bambus, Weizen und Reis sind alles Grasarten.

**Insekten**
Kleine Tiere mit sechs Beinen, hartem Panzer und dreigliedrigem Körper. Viele Insekten haben Flügel. Bienen und Ameisen sind Insekten.

**Klima**
Das Wetter, das man an einem Ort in einem gewissen Zeitrahmen erwarten kann.

**Kontinente**
Große Landmassen: Die sieben Kontinente sind Europa, Afrika, Asien, Nordamerika, Südamerika, Australien und die Antarktis.

**Korallen**
Wenn Millionen winziger Unterwasserwesen namens Polypen sich harte Skelette wachsen lassen, bilden sie Felsenbänke – die Korallenriffe.

**Lebensraum**
Der Ort, an dem ein Tier oder eine Pflanze lebt.

**Moos**
Kleine blütenlose Pflanzen, die langsam an feuchten, schattigen Orten wachsen.

Igel

Wasserhyazinthe

Wanderalbatros

Giraffe

## Nagetiere
Tiere mit besonders starken Schneidezähnen zum Nagen. Mäuse, Hasen und Eichhörnchen sind Nagetiere.

## Nektar
Ein süßer Sirup, mit dem Blumen Insekten wie Bienen anlocken. Die Bienen helfen dafür bei der Vermehrung der Pflanzen.

## Nord- und Südpol
Orte ganz oben und unten an unserem Planeten, und die Gebiete darum herum (die Arktis und die Antarktis). Sie sind eisig kalt.

## Pflanzen
Lebewesen, oft mit Stielen und Blättern. Sie nehmen Wasser mit unterirdischen Wurzeln auf. Pflanzen bewegen sich nicht wie Tiere.

## Pilze
Ein pflanzenartiges Lebewesen, das sich von nicht mehr lebenden Tieren und Pflanzen ernährt.

## Plankton
Winzige Pflanzen und Tiere, die im Meer, in Seen und in Flüssen treiben. Manche Wale fressen es.

## Pollen
Ein Puder, mit dem Pflanzen sich fortpflanzen. Oft bringen Tiere wie Bienen die Pollen von einer Pflanze zur anderen.

## Polypen
Winzige Tiere im Meer. Sie lassen sich harte Panzer wachsen und bilden zusammen Korallen.

## Raubtier
Ein Tier, das andere Tiere zum Fressen jagt. Orcas und Eulen sind Raubtiere.

## Regenwald
Ein Gebiet, in dem es viel regnet, sodass dichter Wald wächst. Obwohl die meisten Regenwälder heiß sind, können Regenwälder auch kühl sein.

## Reptilien
Tiere mit Schuppen oder knochigem Panzer. Schlangen und Schildkröten sind Reptilien.

## Samen
Ein kleiner, lebender Teil der Pflanze, der abfällt und zu einer neuen Pflanze wird.

## Sauerstoff
Ein unsichtbares Gas in der Luft und im Wasser. Tiere atmen Sauerstoff. Ohne Sauerstoff gäbe es kein Leben auf der Erde.

## Säugetiere
Tiere, die Milch geben und Haare auf der Haut haben. Mäuse und Menschen sind Säugetiere.

## Spezies
Eine Gruppe von Tieren einer Art. Männchen und Weibchen können zusammen Babys haben.

## Tarnung
Ein Muster auf Fell oder Haut, das mit der Umwelt verschmilzt, damit ein Tier sich verstecken kann.

## Tentakel
Lange, biegsame Arme zum Packen und Fressen.

## Tiere
Lebewesen, die Luft atmen, fressen und trinken, sich bewegen und vermehren.

## Umwelt
Der Ort, an dem eine Pflanze oder ein Tier lebt.

## Verfaulen
Zerfallen oder vermodern. Alles Lebendige verfault nach dem Ende des Lebens.

## Vögel
Tiere mit Flügeln, Federn und Schnäbeln. Die meisten Vögel können fliegen. Aras und Eulen sind Vögel.

## Wirbellose
Tiere ohne Rückgrat wie Insekten, Krabben und Würmer.

## Wüste
Ein trockener, öder Bereich mit weniger als 25 cm Regen pro Jahr. Wüsten können heiß sein wie die Sahara oder kalt wie die Antarktis.

Rotschnabeltoko

Brillenkaiman

# Register

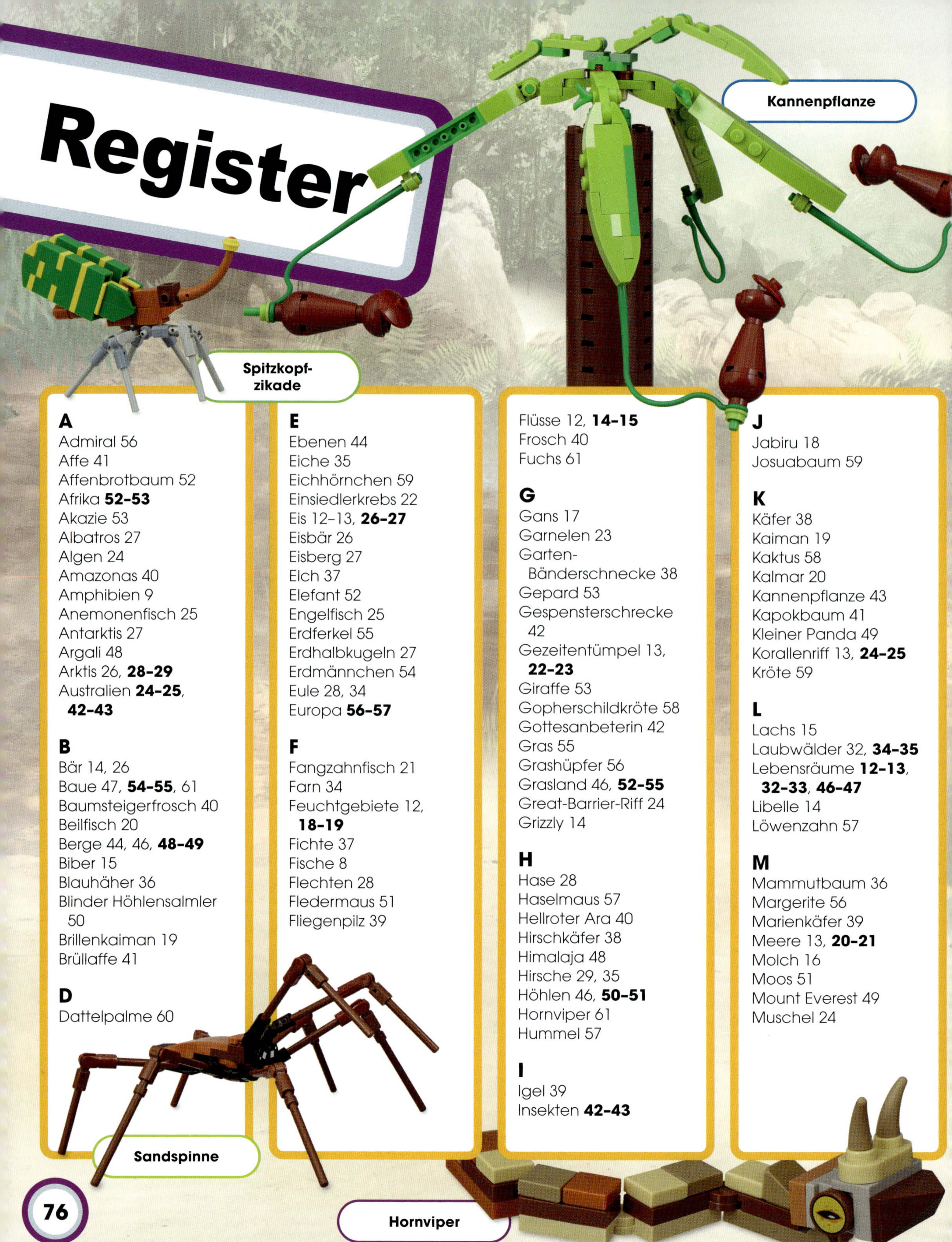

**Erdmännchen**

Haupteinträge mit gefetteten Seitenzahlen